Matt Ruscigno mit Joshua Ploeg

Superfoods for Life

# KAKAO

Mit 75 Rezepten für Brainpower und Wellness

Aus dem Amerikanischen von Elisabeth Liebl



HANS-NIETSCH-VERLAG

Titel der Originalausgabe: *Superfoods for Life: Cacao*,
erschienen bei *Fair Winds Press/Quarto Publishing Group*, Beverly/USA

Translation Rights arranged with *Quarto Publishing Group*, Beverly/USA



Lektorat: Ute Orth
Korrektorat: Adelheid Schmidt
Innenlayout: Laura H. Couallier, Laura Herrmann Design
Fotos: Glenn Scott Photography
Cover-Design: Kurt Liebig
Satz: Kurt Liebig, Sandra Roth

Hans-Nietsch-Verlag
Am Himmelreich 7
79312 Emmendingen

www.nietsch.de
info@nietsch.de

ISBN 978-3-86264-338-7

# Widmung

Dieses Buch ist all jenen gewidmet,
die köstliche und gerecht produzierte
Nahrung genießen wollen.

Vom Arbeiter auf der Kakaofarm bis hin zum Aktivisten,
vom Forscher bis zum Küchenchef:
Ihr alle motiviert mich weiterzumachen.

10 Prozent der Autorenhonorare
gehen an das *Food Empowerment Project*.

INHALT

# Inhalt


KAPITEL 1
Kakao: Das nährstoffreiche Kraftpaket für Genießer **6**

KAPITEL 2
Einfach super! Powerfood Kakao **36**

KAPITEL 3
Herzgesunder Kakao: Kleine Bohne mit großer Wirkung **62**

KAPITEL 4
Kakao beugt chronischen Erkrankungen vor – von Fettsucht bis Typ-2-Diabetes **88**

KAPITEL 5
Kakao fürs Gehirn – beugt Schlaganfall vor und steigert die kognitiven Funktionen **116**

KAPITEL 6
Der Megasnack: Kakao erhöht die körperliche Leistungsfähigkeit **142**

WICHTIGE INFOS RUND UMS THEMA „KAKAO" **180**

BEZUGSQUELLEN **188**

DANK **189**

ÜBER DIE AUTOREN **190**

VERZEICHNIS DER REZEPTE **191**

# KAPITEL 1

# Kakao: Das nährstoffreiche Kraftpaket für Genießer

Die Kakaobohne, der Rohstoff für Schokolade, ist aufgrund ihres vielfältigen Nutzens für unsere Ernährung zu Recht als Superfood bekannt. Im Laufe ihrer ereignisreichen Geschichte fand die Superbohne ebenso Verwendung als Getränk wie als Zahlungsmittel oder ritueller Gegenstand.

Dabei hat die Kakaobohne so viel mehr zu bieten: Ob als Mousse (Seite 138), Lasagne (Seite 82) oder als Cuitlacoche Empanadas (Seite 133), es gibt unendlich viele Möglichkeiten, Ihren Speisezettel mit dieser Superbohne zu bereichern – was Ihnen nicht nur Ihr Gaumen, sondern auch Ihr Herz und Ihr Gehirn danken werden.

Kakao ist weit mehr als ein gesundes Lebensmittel: Er ist der Superstar unter den Superfoods. Über die gesundheitsfördernden Inhaltsstoffe von Tee, Wein und Heidelbeeren sind wir ja mittlerweile bestens informiert, doch die Kakaobohne übertrifft sie in dieser Hinsicht allesamt. Wir wollen hier auch gar nicht bestreiten, dass Wein und Tee wunderbare Lebensmittel sind, doch wie viele Gerichte können Sie damit schon zubereiten? Und für Kakao gibt es sicherlich weit mehr kulinarische Verwendungszwecke als für Heidelbeeren. Dabei verfügt Kakao über einen ebenso hohen Gehalt an Nähr- und sekundären Pflanzenstoffen. Sie können ihn auf vielfältige Weise zu sich nehmen: zum Frühstück, als Dessert oder einfach zwischendurch.

Um Kakao auf eine völlig neue Weise zu genießen und sich so die gesundheitlichen Vorteile dieser Superbohne zunutze zu machen, müssen Sie nicht einmal abenteuerliche Essgewohnheiten haben. Wir haben für Sie nicht nur zwei oder drei, sondern sage und schreibe 75 einzigartige Rezepte kreiert, mit denen Sie Kakao ebenso einfach wie wohlschmeckend in Ihren Speiseplan einbauen können.

## Was macht Kakao zum Superfood?

- **Kakao hat einen unglaublich hohen Gehalt an sekundären Pflanzenstoffen und Antioxidantien.** Diese in der Kakaobohne enthaltenen natürlichen pflanzlichen Inhaltsstoffe fördern unsere Gesundheit. In Kapitel 2 erfahren Sie mehr zu diesem Thema.
- **Kakao hat einen hohen Gehalt an Nährstoffen.** Er ist reich an Mineral- und Ballaststoffen sowie an gesunden Fetten, die in Verbindung mit den sekundären Pflanzenstoffen im Kakao Ihr Risiko verringern können, eine Herz-Kreislauf-Erkrankung oder einen Schlaganfall zu bekommen. In Kapitel 3 und 4 sehen wir uns die einschlägigen Forschungsergebnisse dazu einmal näher an.
- **Kakao macht glücklich.** Schokolade ist vermutlich das begehrteste Genussmittel der Welt. Um ihre (gesunden!) Inhaltsstoffe, die unser Gehirn ebenso wie unsere Stimmung positiv beeinflussen, geht es in Kapitel 5.
- **Kakao ist die ideale Stärkung bei körperlicher Belastung.** Lesen Sie in Kapitel 6, wie Menschen mit extremer physischer Belastung schon seit langer Zeit ihren Nährstoffbedarf mit Schokolade decken. Heute sind kakaohaltige Getränke und Sportlernahrung während und nach dem Training als hochkarätige Lieferanten von Kalorien und Antioxidantien beliebt.
- **Schokolade ist wie guter Kaffee oder Wein ein qualitativ hochwertiges Nahrungsmittel mit vielen subtilen Geschmacksnuancen.** Im Anhang gehen wir auf die verschiedenen Schokoladensorten sowie ihre Unterscheidungsmerkmale ein. Aus biologischem Anbau? Roh? Aus fairem Handel?
- **Kakao ist unglaublich vielseitig.** Ob Quinoa-Schoko-Energieriegel (Seite 46), Gigantisch gutes Paprikagulasch (Seite 100) oder Haselnuss-Schokopudding (Seite 161) – Kakaogerichte lassen sich in jeden Speiseplan integrieren.
- **Kakao ist leicht zu beschaffen.** Wohl jeder hat schon einmal Schokolade gegessen und mag ihren Geschmack. Auch wenn man vielleicht ein wenig Mühe auf sich nehmen muss, um qualitativ hochwertigen Kakao bzw. Schokolade zu bekommen, so ist dies doch nicht so schwierig, wie es vielleicht den Anschein hat.
- **Schon der Verzehr einer kleinen Menge Kakao genügt, um in den Genuss seiner gesundheitlichen Vorzüge zu kommen.** Die meisten Studien über den gesundheitlichen Nutzen von Kakao beziehen sich auf das (kalorienarme

und nährstoffreiche) Kakaopulver, mit dem Sie, wie Sie in diesem Buch noch erfahren werden, eine Vielzahl von Gerichten verfeinern können.

*Hinweis*: Für Tiere sind Kakao und Schokolade kein Superfood! Wir möchten Sie darauf hinweisen, dass Kakao in jeder Form (auch als Schokolade) wegen seines hohen Theobrominanteils für Haustiere wie Hunde, Katzen, Pferde und Vögel giftig ist.

## MILCHSCHOKOLADE VERSUS KAKAO

Milchschokolade, die wohl mit Abstand beliebteste Schokosorte, enthält relativ wenig Kakao. Der Gesetzgeber schreibt für Milchschokolade zwar einen Gesamtkakaoanteil von mindestens 25 Prozent vor, doch den Löwenanteil daran macht die Kakaobutter aus. Fettfreie Kakaotrockenmasse muss gerade mal zu 2,5 Prozent enthalten sein. Der Rest ist: Zucker, Milchprodukte und andere industriell verarbeitete Zutaten mit geringem gesundheitlichen Nutzen.

Die positiven Auswirkungen auf unsere Gesundheit, um die es in diesem Buch geht, hat jedoch nur der Kakao. Es macht also wenig Sinn, sich mit Milchschokolade vollzustopfen, um die Vorzüge von Kakao zu genießen. Lesen Sie doch einmal aufmerksam die Zutatenliste auf Ihrer Milchschokolade. Dort steht, wie viel Kakao bzw. sonstige Zutaten in der Tafel enthalten sind. Wenn Sie bis jetzt nur Milchschokolade gegessen haben, sollten Sie von nun an besser die Sorte mit dem höchsten Kakaoanteil wählen. Dann können Sie sich ja langsam zu den dunkleren Sorten mit höherem Kakaoanteil „vorarbeiten". Wird auf der Verpackung der Kakaogehalt in Prozent nicht angegeben, sehen Sie in der Zutatenliste nach, wie oft Kakao darin vorkommt bzw. wie weit vorn oder hinten er auf der Liste steht. Idealerweise sollte Schokolade auf das Gesamtgewicht bezogen mehr Kakao als Zucker und Milchprodukte enthalten. Das bedeutet, dass der Kakao auf der Zutatenliste möglichst weit vorn stehen sollte.

Grundsätzlich empfiehlt es sich, nur Milchschokolade mit biologischen Zutaten zu konsumieren, da bei diesen Produkten die verwendete Milch weniger belastet ist und nur natürliche Zutaten verwendet werden.

## Kakao hat eine lange und faszinierende Geschichte

Das Geheimnis der Wirksamkeit von Kakao konnte mittlerweile dank einzigartiger und verblüffender Forschungsergebnisse weitgehend aufgeklärt werden. Dadurch wissen wir unter anderem, dass die Kakaobohne gut für unser Herz ist und uns gegen schädliche UV-Strahlung schützt. Allein der Geruch von Kakao kann Menschen beispielsweise dazu animieren, in Buchhandlungen mehr zu kaufen. Belgische Wissenschaftler haben herausgefunden, dass Kunden, die den Duft von Schokolade wahrnehmen, mit 40 Prozent höherer Wahrscheinlichkeit ein Kochbuch oder einen Liebesroman kaufen. Für andere Literaturgattungen nimmt die Wahrscheinlichkeit immerhin noch um etwa 22 Prozent zu. Das hören wir natürlich gern, denn wer wird bei Schokolade nicht schwach?

Die Vorliebe des Menschen für Schokolade oder zumindest für ihre Hauptzutat, den Kakao, reicht lange Zeit zurück. Die Geschichte des Kakaos begann vor vielen Hundert Jahren im präkolumbischen Mesoamerika, wo die frühesten Belege für seinen Verzehr gefunden worden. Die Mayas bauten bereits um das Jahr 300 n. Chr. auf der Halbinsel Yucatán Kakao an. Und noch 1200 Jahre später bereiteten sich die Azteken daraus täglich ein Getränk namens *xocolatl* zu. Die Zutaten für das „bittere Wasser" – so lautet in etwa die Übersetzung dieses kalten, aromatisierten Getränkes – waren neben Kakao auch Chili, Nelken, Zimt und Maismehl. Das Maismehl diente als eine Art Emulgator, der das Wasser und die fetthaltigen Bestandteile der Kakaobohne zu einer homogenen Mischung machte. Dieses Getränk ist so ziemlich das Gegenteil von dem, was wir heute normalerweise unter „Trinkschokolade" verstehen. Der Legende nach trank Moctezuma II. am Tag 50 Tassen *xocolatl*! Er muss zweifelsohne aufgrund seines Konsums von derart hohen Dosen Theobromin (einem bitteren, schwach stimulierenden Alkaloid) und Koffein ständig unter Strom gestanden haben.

Doch wenn wir die Geschichte und die gesundheitsfördernde Wirkung des Kakaos beschreiben wollen, sollten wir die Kuna nicht unerwähnt lassen. Die Kuna-Indianer leben in Kuna Yala (früher: San Blas) – einem Gebiet, das die nordöstliche Atlantikküste Panamas mit ihren vorgelagerten Inseln und einen mehrere Kilometer breiten Festlandstreifen umfasst. Die Kuna trinken bis zum heutigen Tag in rauen Mengen Kakao, und ihr Gesundheitszustand ist ein eindeutiger Beweis dafür, dass dieses Superfood tatsächlich „super“ ist. Bei den Kuna gibt es kaum Todesfälle aufgrund von Krebs oder Herz-Kreislauf-Erkrankungen. Der tägliche Konsum von kakaohaltigen Getränken (0,9 bis 1,2 Liter) gehört zum Alltag der Menschen in Kuna Yala, das übrigens nicht weit von dem Ort entfernt liegt, an dem die ersten Spuren für den Verzehr von Kakao gefunden wurden.

Kuna-Indianer, die sich jedoch außerhalb von Kuna Yala niederlassen und die in Panama üblichen Ernährungsgewohnheiten übernehmen, bezahlen dies mit einer deutlichen Verschlechterung ihrer Gesundheit. Bluthochdruck ist bei ihnen weit verbreitet. Und auch der Anteil jener Menschen, die chronische Erkrankungen entwickeln, gleicht sich bald dem Bevölkerungsdurchschnitt an. Die bislang dazu durchgeführten wissenschaftlichen Studien legen den Schluss nahe, dass der Grund dafür die Umstellung von der traditionellen Ernährungsweise mit ihrem hohen Kakaoanteil auf die typisch westlich-städtische Ernährung ist.

Als der Kakao vor 400 Jahren nach Europa gelangte, wurde er ebenfalls im Laufe der Zeit „verwestlicht“. Zunächst noch als pikantes Getränk genossen, wurde innerhalb von 100 Jahren der Zucker zur Hauptzutat von Kakaozubereitungen. Anfangs war der Genuss von Kakao noch der reichen Oberschicht vorbehalten, doch das änderte sich mit dem Beginn der Industriellen Revolution und durch das Zutun der Quäker. Die Quäker – übrigens auch die Erfinder einer Frühform des bekannten *Monopoly*-Spiels – trachteten in ihrem Streben nach Gleichheit und Gerechtigkeit danach, den Kakao unters Volk zu bringen – nicht zuletzt, weil sie darin eine gesunde und nahrhafte Alternative zum Alkohol sahen. Firmennamen aus der Frühzeit der Schokoladenproduktion wie *Cadbury* oder *Hershey* zeugen noch heute davon. Mit der Erfindung der Milchschokolade wurde der Kakao jedoch zu einer Nebenzutat und der gesunde Ruf von Schokolade traf nicht länger zu.

## Mit Kakao gesund wie ein Kuna-Indianer

Täglich 1,2 Liter Schokotrunk à la Kuna zu konsumieren ist vielleicht nicht jedermanns Sache, doch wir können unsere Ernährung auf relativ einfache Weise mit etwas Kakao aufpeppen. Zwar essen die meisten Menschen Schokolade immer noch am liebsten in ihrer gezuckerten und mit Milchzusätzen versehenen Form, aber es geht auch anders. Richten wir unser Augenmerk doch einmal auf die wohltuenden Eigenschaften der Kakaobohne und verspeisen sie, bevor ihr irgendwelche chemischen Substanzen zugesetzt werden. Das führt zu einer völlig neuen Geschmackserfahrung. Immer wieder werde ich gefragt: „Wie kann denn Schokolade gesund sein?" Und ich antworte schlicht und ergreifend: „Achten Sie einfach darauf, dass sie keine ungesunden Zutaten enthält!"

Momentan erleben wir eine Renaissance des Kakaos, der zur „medizinischen" Anwendung eingesetzt wird. Ähnlich wie beim Kaffee haben wir uns heute an den subtilen und doch sehr nuancenreichen Geschmack von Kakao gewöhnt und genießen ihn beinahe schon wieder so wie vor 500 Jahren. Handwerklich in kleinen Mengen hergestellte Schokolade mit kontrollierter Herkunftsangabe ist zwar (noch!) nicht weit verbreitet, doch mittlerweile sehr viel leichter erhältlich als früher.

## Kakao – von der unbekannten Bohne zum begehrten Inhaltsstoff

Wenn nicht gerade das eigene Herstellen von Schokolade zu Ihren Alltagsbeschäftigungen gehört, haben Sie vermutlich wie die meisten unserer Zeitgenossen noch nie eine Kakaobohne zu Gesicht bekommen, da diese nur selten im Handel erhältlich ist. Als ich im Gespräch mit einer passionierten Schokoladenliebhaberin einmal erwähnte, dass es in dem Laden meiner Verbrauchergenossenschaft Kakaobohnen gibt, gestand sie mir, noch nie welche gesehen zu haben. Doch diese unbekannte Bohne ist der Ursprung von allem, was mit „Schoko" beginnt und wird zu zahlreichen Produkten mit unterschiedlichsten Geschmacksnoten und Eigenschaften verarbeitet. Diese wollen wir uns in all ihren Formen einmal genau ansehen, wobei wir mit der ganzen Bohne beginnen.

- **Kakaobohnen** sind die getrockneten, ölhaltigen Samen aus den Früchten des Kakaobaums *Theobroma cacao*. Nach dem Trocknen werden die Samen häufig fermentiert und/oder geröstet. Im Handel findet man, wenn auch eher selten, ganze rohe oder auch geröstete Kakaobohnen. Erstere sind bei Rohköstlern sehr beliebt, sei es als Snack oder als Zutat zu Smoothies und anderen Rohkostgerichten. Kakaobohnen schmecken ziemlich bitter. Ganze Bohnen zu verwenden hat Vorteile, weil Sie so genau wissen, was Sie verarbeiten oder verzehren.

- **Kakaonibs:** Damit sind die geschälten und zerkleinerten Kakaobohnen gemeint. Gewöhnlich werden Kakaonibs im Handel geröstet angeboten, doch man kann sie in entsprechenden Läden bzw. über das Internet auch in Rohkostqualität bekommen. Kakaonibs gelten als vollwertiges Lebensmittel mit einem hohen Anteil an wertvollen Antioxidantien, Ballaststoffen und anderen gesunden Nährstoffen. Wie Kakaobohnen sind auch Nibs bitter im Geschmack. Da die Kakaobutter noch nicht entfernt wurde, haben sie zudem einen hohen Fettgehalt. Die Verwendung von Kakaonibs in der Küche empfiehlt sich auch, weil sie im Vergleich zu Kakaobohnen leichter erhältlich sind und nicht mehr geschält bzw. zerkleinert werden müssen.
- **Kakaopulver, roh oder geröstet,** das nicht mit dem handelsüblichen Kakao verwechselt werden sollte, wird durch Mahlen der geschälten Kakaobohne gewonnen. Ob es roh oder geröstet ist, hängt davon ab, wie die Bohnen behandelt wurden. Im Gegensatz zum handelsüblichen Kakao ist das Kakaopulver noch nicht entölt und dementsprechend ist sein Fettgehalt höher, wodurch es sich auch in Aussehen und in Griffigkeit vom handelsüblichen Kakao unterscheidet. In diesem Buch werden Sie viele Rezepte finden, in denen wir Kakaopulver verwenden. Es lässt sich wunderbar in Smoothies und anderen einfachen Gerichten verarbeiten.
- **Kakaoliquor** (Kakaorohmasse) entsteht durch das Vermahlen der (gerösteten) geschälten und fermentierten Kakaobohnen zu einer feinen Masse, die noch nicht in ihre nicht-ölhaltigen Bestandteile – die wir gewöhnlich als Kakao bezeichnen – und Kakaobutter getrennt wurde. Wenn auf einer Tafel Schokolade „Kakaomasse ... %" steht, so ist damit der Prozentsatz an Kakaoliquor gemeint. Kakaoliquor ist reine Schokolade in Flüssigform!
- **Kakaobutter:** Wenn Kakaoliquor gepresst wird und die festen Kakaobestandteile entfernt werden, bleibt etwa noch die Hälfte der ursprünglichen Menge übrig. Dabei handelt es sich um das reine Kakaofett, die Kakaobutter, die in Lebensmitteln und Kosmetika vielfältig eingesetzt werden kann. Bei der Produktion von Schokoriegeln wird sie dem Kakaoliquor beispielsweise nachträglich wieder zugesetzt.

- **Handelsüblicher Kakao.** Der überall erhältliche Kakao wird gewonnen, nachdem die Kakaobutter aus dem Kakaoliquor entfernt wurde. Diese bekannte Form des Kakaos wird in der Regel auch für die wissenschaftliche Untersuchungen zur Erforschung des Kakaos verwendet. Da das handelsübliche Kakaopulver meist entölt ist, enthält es weniger Fett. Es wurde zwar industriell behandelt, enthält aber trotzdem noch zahlreiche Mikronährstoffe der Kakaobohne wie Zink, Kalzium, Kupfer, Magnesium sowie Kalium und darüber hinaus viele Flavonoide. Das sind sekundäre Pflanzenstoffe, die einen Großteil der gesundheitlichen Wirkungen des Kakaos ausmachen.
- **Schokolade.** Sie wird aus Kakaoliquor, Kakaobutter sowie (normalerweise) Zucker und/oder einem gewissen Anteil an verschiedenen Milchprodukten hergestellt. Wie viel Kakao in der Schokolade enthalten ist, bestimmt letztlich ihre helle bzw. dunkle Farbe. Vom ernährungsphysiologischen Standpunkt aus betrachtet ist dunkle Schokolade besser, weil sie mehr Kakao enthält. Rohschokolade zeichnet sich dadurch aus, dass die Kakaobohnen für die Grundmasse nicht geröstet werden. Sie hat einen mild-herben Geschmack. Und was sind nun offensichtliche Vorzüge von Schokolade? Sie ist schlichtweg köstlich!
- **Blockschokolade.** Dies ist eine Schokolade mit mindestens 35 Prozent Kakaomasse, der zusätzlich bis zu 5 Prozent Kakaobutter zugesetzt werden darf. Meist ist sie durch einen höheren Kakaoanteil dunkel, und es gibt sie auch als ungezuckerte Version.
- **Milchschokolade.** Milchschokolade ist die wohl verbreitetste Schokoladenart. Sie wird durch Zusatz von Milch bzw. Milchpulver hergestellt und der Liquor-(Trockenmasse-)anteil beträgt mindestens 25 Prozent. Die entölte Kakaotrockenmasse muss laut Gesetz allerdings nur bei 2,5 Prozent liegen, daher sind die gesundheitlichen Vorzüge von Milchschokolade im Vergleich zu Bitterschokoladesorten als geringer einzuschätzen.
- **Weiße Schokolade.** Weiße Schokolade enthält nur Kakaobutter (mindestens 20 Prozent), dazu kommen noch Süßungsmittel und Milchbestandteile. Sie enthält keinerlei Kakao und hat damit auch nicht die hier besprochenen gesundheitlichen Vorteile. In vielen wissenschaftlichen Studien zu den Vorzügen von Kakao wird der jeweiligen Kontrollgruppe weiße Schokolade verabreicht, die keinerlei gesunde sekundäre Pflanzenstoffe enthält.

## Warum Kakao-Rezepte auf pflanzlicher Basis?

Es ist kein Zufall, dass alle Superfoods pflanzlich sind. Heutzutage haben wir Menschen kaum noch einen Bezug zu unseren Nahrungsmitteln. Was die meisten von uns essen, hat wenig Ähnlichkeit mit der Pflanze oder dem Tier, das uns dieses Nahrungsmittel lieferte. Pflanzen aber bildeten jahrtausendelang die Grundlage menschlicher Ernährung. Meist verzehren wir deren Früchte und machen uns keine Gedanken über ihre Blätter, Samen, Stiele, Wurzeln oder Blüten. Pflanzliche Nahrung hat eine hohe Nährwertdichte: viele Nährstoffe bei wenig Kalorien. Daher hielten uns unsere Großmütter so gern zum Verzehr von Obst und Gemüse an.

In diesem Sinne ist der Verzehr von mehr pflanzlicher Nahrung und damit auch von mehr Superfoods unser Anliegen. Aus diesem Grund sind alle unsere Rezepte rein pflanzlich und vegan. Wenn Sie mehr über Kakao und pflanzliche Ernährung wissen, werden Sie von den köstlichen Kakao-Rezepten in diesem Buch profitieren wollen und diese ganz von selbst in Ihren Speiseplan integrieren.

## Was bedeutet „auf pflanzlicher Basis"?

Diese Formulierung ist durch den häufigen Gebrauch mittlerweile zu einer leeren Phrase geworden. Was sie bedeutet, ist meist gar nicht klar. In manchen Fällen ist damit eine vegane Ernährungsform gemeint. „Vegan" heißt, dass man sämtliche tierischen Inhaltsstoffe weglässt. Die Bezeichnungen „pflanzenbasiert" oder „auf pflanzlicher Basis" werden aber auch als Synonyme für naturbelassene, nicht industriell verarbeitete Nahrungsmittel verwendet. Eine große Rolle spielt diese Formulierung für den neuen Trend zum „Flexitarismus" – eine weitgehend, aber nicht strikte vegetarische Ernährung. Meine persönliche Definition von „auf pflanzlicher Basis" lautet: vollwertige Pflanzenkost, zu der auch Vollwertgetreide, Gemüse, Hülsenfrüchte, Obst, Nüsse und Samen gehören.

Eine solche Ernährung hat unzählige ernährungsphysiologische Vorzüge. Sie versorgt uns mit

1. mehr sekundären Pflanzenstoffen und Antioxidantien;
2. gesunden, ungesättigten Fettsäuren;
3. mehr Ballaststoffen;
4. wichtigen Nährstoffen, die synergetisch zusammenwirken, sowie
5. mehr Nähr- und Vitalstoffen bei weniger Kalorien.

## EINFÜHRUNG IN DEN REZEPTTEIL von Joshua Ploeg

Als die Spanier zum ersten Mal nach Amerika kamen und dort Schokolade aßen, ähnelte das Produkt nicht einmal annähernd dem, was wir heute unter diesem Begriff kennen. Die Kakaobohnen wurden ohne Süßungsmittel gemahlen und mit Gewürzen sowie Chili versetzt, zudem auch mit Maismehl und Samen, um dann mit Wasser aufgegossen zu werden. Getrunken wurde diese Mischung entweder kalt oder warm. Die Spanier empfanden das Getränk als bitter und unangenehm intensiv. Mit Verwunderung registrierten sie, wie viel Moctezuma und sein Hof davon tranken. Obwohl sie diese Begeisterung nicht teilten, nahmen sie das Gebräu mit nach Europa. Man weiß ja nie ...

Die Europäer mochten den Geschmack von Kakao anfangs gar nicht. Und so fügte man dem Getränk bald Süßungsmittel hinzu, um seine bittere Note abzumildern. (Mit Zimt und Vanille verfeinert, fand das Getränk allerdings auch hier ein paar Freunde.) Es dauerte eine Weile, bis die gesüßte Version sich durchsetzte, doch von da an trat der Kakao seinen ungebremsten Siegeszug an. Die Europäer machten ihn sich vollkommen zu eigen. Wenn man sich einmal vor Augen führt, worin heutzutage Schokolade enthalten ist: Kekse, Kuchen, Torten, Schokoriegel, Trinkschokolade und Pralinen stillen unseren Hunger auf Süßes.

Sie werden feststellen, dass die meisten Rezepte in diesem Buch ausgesprochen würzig sind. Wir hoffen, dass Sie Schokolade damit schon bald in einem etwas anderen Licht sehen werden. Dass Kakao heutzutage nur noch mit viel zu viel Zucker versetzt erhältlich ist, hat dazu geführt, dass viele Menschen ein Stück ungesüßte Schokolade oder einen Schluck wunderbar altmodischen Kakao ohne Zucker nicht mehr zu schätzen wissen. Die meisten finden beides unangenehm bitter. Der bittere Geschmack wird im Westen ohnehin gern unterschätzt, dabei gehört er doch zu den fünf grundlegenden Geschmacksrichtungen, die wir wahrnehmen können. Kaffee, Meerrettich, Zitrusschale, Grapefruit und *Campari* mögen wir ja auch! Doch bitter ist nicht gleich bitter, diese Geschmacksrichtung hat allerlei Nuancen zu bieten, die sich mit anderen Aromen ergänzen lassen.

Dass wir bitter Schmeckendes nicht mögen, liegt einzig und allein am übermäßigen Gebrauch von Süßungsmitteln in unserer Gesellschaft, jedoch nicht an der Grundzutat. Daher wollen wir Sie bitten, Ihre grundlegende Einstellung zum schokoladigen Geschmack einmal zu überdenken. Lernen Sie die Tiefe und die vielfältigen Facetten von Kakao kennen und hören Sie auf, ihn nur mit Süßwaren in Verbindung zu bringen. Wie so viele andere Dinge auch (z. B. der Kaffee), kam Kakao durch einen kolonialistischen Akt nach Europa und wurde hier dem europäischen Gaumen angepasst. Und das so lange, bis die europäische Art, Schokolade zu genießen, als die einzig wahre galt. Wenn Sie einmal nach Mexiko kommen, werden Sie sehr bald merken, dass Kakao dort ganz anders verarbeitet wird. Sie werden ihn mit Gewürzen genießen, mit Maismehl, mit Chilis oder süß. Daneben aber auch keine Spur von süß, körnig, mit Wasser vermischt und zu wunderbaren Mole-Saucen verarbeitet – und zu vielen anderen Dingen, die nicht in unser europäisiertes „Kakaoraster“ passen.

Vielleicht haben Sie ja jetzt Lust bekommen, Ihrem Gaumen einmal neue Geschmacksnuancen zu gönnen. Gute, handwerklich orientierte Chocolatiers stellen ohnehin immer mehr die Kakaonote in den Vordergrund, nehmen die Süße zurück und experimentieren mit ungewohnten Aromen. Aber natürlich kann Zucker, in maßvollen Mengen, auch sehr lecker sein. Wir wollen Sie hier darauf aufmerksam machen, dass man Zucker mit Bedacht einsetzen kann (abgesehen von einem kleinen Löffel Sirup hier und da). Wir wollen auch nicht behaupten, dass jede Form des Kochens und Weiterverarbeitens den Kakao all seiner Wirkstoffe beraubt. Also auch hier gilt keineswegs ein striktes Verbot.

Lassen Sie sich auf das Wagnis der ungesüßten Schokolade ein – und Sie werden vielleicht schon bald merken, dass sie auch ohne Zucker süß genug ist. In diesem Buch verwenden wir nur bittersüße, dunkle Schokolade ohne Zucker und mit hohem Kakaoanteil. Dasselbe gilt auch für den Kakao.

Kakao hat – in seinen vielen Erscheinungsformen – einen subtilen oder stark erdigen Geschmack und einen facettenreichen Geschmackskörper. Er erdet uns zutiefst oder erhebt uns in himmlische Sphären, wenn er mit einer Vielzahl von

Aromen immer wieder eine neue überraschende kulinarische Liaison eingeht – von der Erdigkeit der Süßkartoffel oder der Pilze bis hin zur luftig cremigen Konsistenz von Kokosnuss oder Avocado. Von der würzigen Kühnheit von Chili, Zwiebel und Knoblauch bis hin zur verführerischen Intensität von Zimt, Koriander, Vanille und Kurkuma. Von den süßsauren Aromen von Datteln und Tamarinden zur scharfen Säure von Tomaten und Zitrusfrüchten. Kakao hebt unerwartete Geschmacksnoten in anderen Nahrungsmitteln hervor, die uns so eine überraschende Dimension ihres vertrauten Geschmacks eröffnen. Er wirkt Wunder, wo wir sie gar nicht erwarten, und führt durch die Hände und Köpfe von kreativen Individualisten – wie Sie es sind! - zu neuen, innovativen Wegen.

Experimentieren Sie! Genießen Sie! Entdecken Sie für sich selbst, welche Kakao-Kombinationen Ihnen zusagen. Wir danken Ihnen, dass Sie uns die Gelegenheit geben, Sie in den facettenreichen Geschmack von Kakao einzuführen und Ihnen zu zeigen, wie vielfältig er sich kombinieren lässt.

Mit schokoladigen Grüßen
*Joshua Ploeg*, Küchenchef

## WIE SIE SCHOKOLADE SCHMELZEN

Viele der Rezepte in diesem Buch erfordern geschmolzene Schokolade. Daher möchten wir Ihnen dazu ein paar Tipps geben. Grundsätzlich sollte die Schokolade in etwa gleich große Stücke gebrochen werden, damit diese möglichst zur gleichen Zeit schmelzen.

- *Über einer direkten Wärmequelle:* Stellen Sie die Schokolade in einer Kasserolle mit doppeltem Boden auf den Herd und rühren Sie sie auf sehr niedriger Flamme ständig um, bis sie zu schmelzen beginnt. Das dauert unterschiedlich lange, meist etwa zwischen zwei und vier Minuten. Dann sollten Sie den Topf sofort vom Herd nehmen und weiterrühren, bis die Schokolade glatt und vollständig geschmolzen ist.
- *Im Wasserbad:* Bei dieser Methode brennt die Schokolade garantiert nicht an. Dafür hängen oder stellen Sie einen kleineren Topf in einen größeren, in dem Wasser kocht. Füllen Sie den unteren Topf mit gerade so viel Wasser, dass etwa 1 Zentimeter Raum zum oberen Topf bleibt. Geben Sie dann die Schokolade in den kleineren Topf und stellen Sie das Ganze bei niedriger Hitze auf den Herd. Rühren Sie die Schokolade ständig um, bis sie geschmolzen ist. Das Wasser im unteren Topf sollte nicht kochen, solange die Schokolade schmilzt.

  Wenn Sie keinen Simmertopf haben, können Sie sich leicht behelfen: Nehmen Sie einen mittelgroßen Topf für das Wasser und stellen Sie eine Metall-Rührschüssel hinein, die möglichst genau passt.

  Verwenden Sie ausschließlich trockene Utensilien, damit die Schokolade nicht klumpig wird. Wenn Sie Flüssigkeit zu der heißen Schokolade geben, muss diese ebenfalls heiß sein.

## Praktische Tipps

Vor jedem Rezeptteil finden Sie unter der Überschrift „Praktische Tipps“ Hinweise zur Umsetzung des gerade Erlernten. Doch bevor Sie Ihren Weg ins Reich der „Schoko-Gourmets“ antreten, möchten wir Ihnen folgende Ratschläge ans Herz legen:

- **Essen Sie Schokolade langsam.** Wie bereits gesagt, erschließt sich die Subtilität von schokoladigen Geschmacksnoten erst mit der Zeit. Das ist ähnlich wie bei gutem Wein oder Kaffee.
- **Kaufen Sie Qualität.** Wo kaufen Sie Ihre Schokolade im Moment? Gibt es qualitativ hochwertigere Alternativen? Gute Kakao- und Schokoladenprodukte zu finden ist nicht ganz einfach, aber nur Mut.
- **Achten Sie auf die Zutaten.** Für den Kakao- und Schokoladenfreund ist die Zutatenliste die wichtigste Informationsquelle. Wie viel Kakao ist wirklich in dunkler Schokolade enthalten? Welche Zutaten stecken sonst noch darin? Ganz gleich, welcher Zucker verwendet wurde: Sie wünschen sich davon so wenig wie möglich.
- **Geben Sie sich nur mit dem Besten zufrieden.** Steigern Sie mit der Zeit den Kakaoanteil in Ihrer Schokolade. Einige der Rezepte in diesem Buch werden für Sie vollkommen neu sein. Geben Sie Ihrem Gaumen Zeit, sich an die ungewohnten Aromen und Kombinationen zu gewöhnen.
- **Schritt für Schritt!** Nehmen Sie sich Zeit für eine gesündere Küche und für die Zubereitung mit neuen, vielleicht für Sie noch unbekannten Zutaten. Kochen und Essen ist ein Abenteuer, das wie das Leben seine Höhen und Tiefen hat. Genießen Sie es!

*Anmerkungen*:
Zu den schokoladigen Zutaten in unseren Rezepten finden Sie im Anhang (siehe „Bezugsquellen“, Seite 188) hilfreiche Einkaufstipps. In einigen der Rezepte verwenden wir „Kokossahne“. Damit ist der feste Bestandteil von vollfetter Kokosmilch gemeint, der sich bei Zimmertemperatur oben auf der Flüssigkeit absetzt. Heben Sie diese Schicht ab und nehmen Sie das Kokosfett für die Zubereitung. Ersatzweise können Sie aber auch Kokosmus verwenden.

# Kakao für mehr Power

Roher Schoko-Karottenkuchen **23**

Babymöhren mit Zitrone und Schokolade **24**

Wow! Schoko-Enchiladas **27**

Azteken-Schoko-Drink **28**

Süß-saftiges Baba Ghanoush **30**

Kakaomole für Anfänger **31**

Unwiderstehliches Fudge **32**

Köstlich gesunde Power: Frischsaft mit Kakao **33**

Vier- Lagen-Gemüse mit Kakao **34**

Spaghettikürbis-Nester **35**

*Anmerkung zu den Rezepten:*
Viele Wege führen zu einer gesunden Ernährung. Wir haben bei diesen Rezepten in erster Linie auf Ausgewogenheit geachtet. Sie sind gesund und enthalten nur pflanzliche Zutaten, sollen aber auch für die meisten Menschen umsetzbar sein. Wenn Sie sich für ein strikteres Ernährungsmodell entschieden haben, als wir es hier vorstellen, dann können Sie die Rezepte Ihren Vorstellungen entsprechend verändern. Wenn Sie z. B. Gluten, Weizenmehl oder raffinierte Öle nicht mögen, ersetzen Sie sie durch Zutaten Ihrer Wahl.

# Roher Schoko-Karottenkuchen

Dies ist eine gesunde Rohköstlichkeit, bei der die gesunden Fette von rohem Kakao und Cashewkernen kombiniert werden mit den fettlöslichen Betakarotinen der Karotten. Rosinen verleihen dem Kuchen Süße, Kokosnuss und Bananen sorgen für den Dessert-Touch.

*Für den Kuchen:*

**½ Tasse (55 g) Äpfel, geraspelt, mit etwas Salz und Zitronensaft**

**1 Tasse (110 g) Karotten, geraspelt**

**½ Tasse (40 g) Kokosraspel in Bio-Qualität**

**1 Tasse (140 g) Cashewkerne, gehackt**

**½ TL Meersalz**

**½ Tasse (75 g) Sultaninen**

**3–4 EL (45–60 ml) Agavendicksaft oder Süßungsmittel nach Wahl**

**½ Tasse (50 g) Kakaopulver in Rohkostqualität**

**½ Tasse (110 g) Bananen, zerdrückt**

**1 TL gemahlener Ingwer**

**1 TL gemahlener Zimt**

**¼TL gemahlene Gewürznelken**

*Für den Guss:*

**½ Tasse (110 g) Bananen, zerdrückt**

**2–3 EL (15–20 g) Kokosmehl in Bio-Qualität**

**1 EL (5 g) ungesüßtes Kakaopulver in Bio-Qualität**

**1 EL (15 ml) Agavendicksaft oder ein anderes Süßungsmittel (wahlweise)**

**1 EL (15 ml) Zitronensaft**

**¼ TL Salz**

**¼ TL Senfpulver**

*Kuchen:* Alle Zutaten in der Küchenmaschine zu einem Teig verrühren und auf 8 Förmchen verteilen. (Nehmen Sie pro Portion etwa ½ Tasse oder 115 Gramm.) Wenn Sie die Zutaten gröber mögen, damit das Ganze mehr Biss hat, sollten Sie die Zutaten per Hand vermengen. Das bleibt ganz Ihnen überlassen!

*Guss:* Verrühren Sie alle Zutaten gründlich und schmecken Sie die etwas klebrige, dickflüssige Masse nach Belieben mit Süßungsmittel ab. Geben Sie den Guss auf die Kuchen und stellen Sie die Förmchen vor dem Servieren kühl.

**Ergibt: 8 Portionen**

# Babymöhren mit Zitrone und Schokolade

Auf diese Weise können Sie Ihre Babymöhren aufpeppen, wenn Sie mal etwas ganz Besonderes auf den Tisch bringen wollen. Oder Sie reiben einfach Schokolade über Ihre gekochten Karotten. Karotten enthalten viel Betakarotin (wie der Name schon sagt) und können daher das Risiko für Herz-Kreislauf-Erkrankungen senken. Eine in den Niederlanden durchgeführte wissenschaftliche Studie an mehr als 20.000 Personen belegt, dass Menschen, die regelmäßig Karotten essen, ihr Risiko um 32 Prozent senken. Mit dem Kakao zusammen sind sie eine herzgesunde Beilage!

**2 Tassen (260 g) Babymöhren**
**1 Knoblauchzehe, zerdrückt oder gehackt**
**¼ Tasse (40 g) weiße Zwiebeln, in Würfel geschnitten**
**1 EL (15 ml) Olivenöl**
**½ TL Salz**
**¼ TL schwarzer Pfeffer**
**6 Zitronenscheiben, etwa 6 mm dick**
**2 TL frischer Oregano, gehackt**
**¼ Tasse (60 ml) Gemüsebrühe**
**55 g Zartbitterschokolade in Bio-Qualität, geraspelt**
**1 EL (15 g) Tomatenmark**

Karotten, Knoblauch und Zwiebel in einer mittelgroßen Pfanne in dem Olivenöl anbraten. Mit Salz und Pfeffer würzen, etwa 3 Minuten garen. Zitronenscheiben, Oregano und Gemüsebrühe dazugeben. Weitere 5 Minuten köcheln lassen. Schokolade und Tomatenmark einrühren und weitere 2 bis 3 Minuten garen. Mit Salz und Pfeffer abschmecken und warm servieren.

**Ergibt: 4 Portionen**

# Wow! Schoko-Enchiladas

Die beliebten Enchiladas schmecken mit Schokolade noch besser! Je nachdem, womit Sie die Enchiladas füllen, kann das Ergebnis geradezu atemberaubend lecker sein! Hier ersetzen Gemüse und pflanzliche Fette die gesättigten tierischen Fette von Käse und Fleisch.

**12–14 Mais-Tortillas**
**2 Tassen (480 ml) Wasser**
**¼ Tasse (60 ml) Limettensaft**
**3–4 Tassen (750 g–1 kg) Ein-Stunden-Mole (siehe Seite 50) oder EnchiladaSauce (siehe Seite 113)**
**1 Tasse (150 g) fester Tofu, zerkrümelt**
**1 Tasse (30 g) Spinat, fein geschnitten**
**½ Tasse (80 g) Zwiebeln, in kleine Stücke geschnitten**
**¼ Tasse (35 g) Maisgrieß**
**½ TL Chilipulver**
**2 Knoblauchzehen, fein gehackt**
**½ TL Salz**
**1 EL (15 ml) Olivenöl**
**1 TL getrockneter Oregano**
**2 TL Apfelessig in Bio-Qualität**
**¼ Tasse (25 g) Kakaopulver in Rohkostqualität**
**¼ Tasse (4 g) frisches Koriandergrün, fein gehackt**
**¼ TL schwarzer Pfeffer**
**½ Tasse (50 g) geröstete und gehackte Mandeln, wahlweise 70 g Pinienkerne oder andere Nüsse**

Den Backofen auf 190 °C vorheizen.

In einer flachen Auflaufform die Tortillas für 2 bis 3 Minuten in Wasser und Limettensaft einweichen. Abgießen und vorsichtig trocken schütteln. Flach, einander überlappend auslegen.

Eine Auflaufform von 23 x 33 Zentimetern Größe mit 1/2 Tasse (125 Gramm) Sauce ausstreichen. Die restlichen Zutaten außer der übrigen Sauce vermischen und abschmecken. Die Mischung gleichmäßig auf den Tortillas verteilen und jede Tortilla einzeln aufrollen. Die Tortillas nebeneinander in die Auflaufform legen. Mit der Sauce bestreichen und 40 Minuten backen.

**Variationen**: Statt Tofu können Sie jeweils 1 Tasse Pilze (70 Gramm), gebratene Auberginen (100 Gramm), gekochten Kürbis (200 Gramm), gegarte Süßkartoffeln (135 Gramm) und/oder Kartoffeln (225 Gramm) verwenden.

**Ergibt: 6 Portionen**

# Azteken-Schoko-Drink (heiß oder kalt)

Die Grundlage für dieses Getränk ist das ursprüngliche Kakaogetränk der Azteken. Damals wurden die Bohnen zu Pulver vermahlen und mit Wasser sowie Gewürzen aufgekocht. Hier finden Sie auch eine ungekochte Variante.

**½ Tasse (50 g) Kakaopulver oder 110 g Kakaonibs, jeweils in Rohkostqualität**

**3 Tassen (720 ml) Wasser**

**1 TL frische oder getrocknete Chilischoten, fein gehackt**

**1 Zimtstange, fein zerdrückt**

**1 Prise Salz**

**1 Vanilleschote**

Nibs oder zu grobes Kakaopulver in der Küchenmaschine zu Pulver verarbeiten

Wasser, Chili und die Zimtstange in einen mittelgroßen Topf geben. Zum Kochen bringen und 10 Minuten köcheln lassen. Durch ein Sieb abgießen. Das Chiliwasser mit Kakao und Salz aufkochen, dabei mehrmals umrühren und 15 Minuten köcheln lassen. Das Mark aus der Vanilleschote kratzen. Dann die Schote und das Mark zu dem Kakao geben und noch ein paar Minuten köcheln lassen. Die Schote entfernen und den Drink heiß oder kalt servieren.

**Ergibt: 4 Portionen oder 1 Riesenportion**

*Und hier die rohe Variante!*

**½ Tasse (50 g) Kakaopulver oder 110 g Kakaonibs, jeweils in Rohkostqualität**

**¼ Tasse (35 g) Maisgrieß**

**¼ Tasse (35 g) Kürbiskerne**

**1 Prise Salz**

**1 getrocknete Chilischote, zerdrückt und entkernt**

**2 Tassen (480 ml) Wasser**

In einer breiten Rührschüssel alle Zutaten bis auf das Wasser mit dem Mörserstößel zerkleinern. Langsam das Wasser dazugeben, bis die Mischung dickflüssig, aber trinkbar ist. Das dauert etwa 4 bis 5 Minuten.

Die Mischung mit einem Schneebesen aufschlagen, bis sie schaumig wird. Sofort servieren.

**Anmerkung:** Auch dieses Getränk können Sie erhitzen. Es ergibt mengenmäßig nicht so viel wie die heiße Version links, aber für 4 Tassen sollte es ausreichen.

**Ergibt: 4 Portionen**

# Süß-saftiges Baba Ghanoush

Baba Ghanoush ist eine Auberginenpaste, die hier mit Schokolade verfeinert wird! Dieses Gericht zeigt Ihnen, wie Sie auf vielfältige Weise Auberginen und Schokolade zu einer unglaublichen Aromenvielfalt kombinieren können. Auberginen haben nur wenig Kalorien, sind aber wunderbar reichhaltig und sättigend.

**1 Aubergine, in Streifen geschnitten**
**3 EL (45 ml) Olivenöl**
**55 g Zartbitterschokolade in Bio-Qualität**
**4 Knoblauchzehen**
**2 EL (30 g) Tahin (Sesammus) in Rohkostqualität**
**¼ Tasse (60 ml) Zitronensaft**
**1 EL (15 ml) Balsamico**
**1 TL geräuchertes Paprikapulver (Pimentón de la Vera)**
**2 TL frischer Majoran oder Oregano, gehackt**
**½ TL Salz**

Heizen Sie den Backofen auf 200 °C vor.

Legen Sie die Auberginenstreifen auf ein tiefes Backblech. Etwas salzen und mit 1 Esslöffel Olivenöl beträufeln.

Dann die Streifen 15 Minuten backen, wenden und weitere 15 Minuten backen. Aus dem Ofen nehmen und 15 Minuten abkühlen lassen.

Währenddessen die Schokolade im Wasserbad schmelzen, was höchstens 5 Minuten dauert.

Alle Zutaten, auch die Auberginen und die Schokolade, portionsweise in die Küchenmaschine geben und zu einem glatten Teig verarbeiten. Die Mischung abkühlen lassen. Erst danach abschmecken.

Dieses Baba Ghanoush schmeckt warm köstlich zu Pitta und rohem Gemüse, ist aber auch kalt ein absoluter Genuss.

**Ergibt: 3 bis 4 Portionen (675 bis 900 Gramm)**

# Kakaomole für Anfänger

Dieses Rezept ist ein echter Partyhit und schmeckt nicht nur Schokokennern! Avocado und Schokolade sind mit ihren nährstoffreichen Inhaltsstoffen wie füreinander geschaffen! Die gesunden Fette der Avocado sind in vielerlei Hinsicht eine Wohltat für den Körper. Sie steigern unter anderem die Aufnahme von Lykopin, das in Tomaten enthalten ist.

**⅓ Tasse (30 g) ungesüßtes Kakaopulver in Bio-Qualität**

**3 Avocados, entkernt, geschält und klein geschnitten**

**¼ Tasse (60 ml) Limettensaft (oder mehr zum Abschmecken)**

**2 TL Senf (Dijon-Senf oder würziger dunkler Senf, auch gern mit Aroma wie z. B. Estragon: Probieren Sie's aus!)**

**¼ Tasse (4 g) frisches Koriandergrün, fein gehackt**

**2 TL Jalapeñoschoten, fein gehackt**

**2–3 EL (30–45 ml) Olivenöl**

**¼ TL Salz**

**¼ Tasse (45 g) Tomaten, klein geschnitten**

**2 EL (20 g) Zwiebeln, gehackt**

Im Mixer oder in der Küchenmaschine alle Zutaten zu einer glatten Masse verarbeiten. Nach Belieben abschmecken. Mögen Sie Ihre Kakao-Guacamole lieber etwas stückiger, dann sollten Sie die Zutaten besser von Hand vermischen. In diesem Fall zerdrücken Sie zuerst die Avocados mit Kakao und Limettensaft, bevor Sie die restlichen Zutaten hinzugeben. Sie können statt Kakao auch geschmolzene Schokolade verwenden, wodurch eine neue Geschmacksnote und eine andere Konsistenz entstehen. Vor dem Servieren können Sie die Sauce nach Belieben mit gehacktem Koriandergrün und Schokoraspeln oder für einen noch kreativeren Touch auch mit Jalapeño-Ringen, Avocado- und Tomatenscheiben dekorieren.

**Ergibt: 3 Tassen (675 Gramm)**

# Unwiderstehliches Fudge

Dieses Fudge enthält deutlich weniger Zucker als die übliche Karamellmasse. Die Kokosnuss bereichert die Mischung außerdem um die gesunden mittelkettigen Fettsäuren, die sich so leicht in Energie umwandeln lassen – eine echte Alternative zu Milchprodukten.

**2 Tassen (360 g) Zartbitter-Schokotropfen in Bio-Qualität**

**1 Tasse (240 ml) vollfette Kokosmilch**

**2 EL (30 g) Kokosöl in Rohkostqualität**

**1 TL Vanillepulver**

**½ Tasse (60 g) gehackte Walnüsse oder 55 g Pekannüsse, 50 g Mandeln oder andere Nüsse nach Wahl**

Schmelzen Sie die Schokotropfen mit der Kokosmilch und dem Kokosöl im Wasserbad. Rühren Sie dabei gelegentlich um. Das Vanillepulver dazugeben, vom Herd nehmen und die Nüsse einrühren. Anschließend die Masse in eine 15 x 15 Zentimeter große Auflaufform aus Glas geben, wenn Sie dickere Stücke zubereiten wollen. (Für dünnere nehmen Sie eine Form von 20 x 20 Zentimetern Größe.) Kalt stellen, bis die Masse fest wird, und in Vierecke schneiden.

Das Rezept ergibt etwa 3 ½ Tassen Karamellmasse. Wie viele Bonbons Sie daraus schneiden, hängt ganz von Ihren Vorlieben ab. Wenn Sie die Masse gar nicht schneiden, sondern als Ganzes in der Form auf den Tisch bringen, sind Sie vermutlich wie ich ein Fudge-Fanatiker!

**Ergibt: 12 Stück**

# Köstlich gesunde Power: Frischsaft mit Kakao

Dieser Frischsaft schmeckt süß und hat als knackigen Kontrapunkt einen Hauch von Grünkohlaroma, der im Übrigen voller Vitamin A, C, Kalzium, Eisen und Folsäure steckt. Kakao können Sie zu allen Fruchtsäften dazugeben, die Sie mögen. Sie schmecken dann noch besser und machen obendrein auch noch glücklich. Probieren Sie 's aus!

**4 Tassen (500 g) Äpfel, in kleine Stücke geschnitten**

**2 Tassen (250 g) Birnen, in kleine Stücke geschnitten**

**1 Tasse (155 g) Kirschen, entsteint**

**½ Tasse (50 g) frische Ingwerwurzel, fein gehackt**

**2 Tassen (130 g) Grünkohl, fein geschnitten**

**Wasser nach Belieben zum Verdünnen**

**⅓ Tasse (35 g) Kakaopulver in Rohkostqualität**

**1 EL (15 ml) Zitronensaft**

**Süßungsmittel nach Wahl zum Abschmecken (wahlweise)**

Alle Zutaten bis auf den Kakao, den Zitronensaft und das Süßungsmittel in den Entsafter geben und entsaften. In den Mixer geben und den Kakao unterrühren. Wenn Sie ein geübtes Händchen haben, können Sie das auch mit dem Schneebesen machen. Mit Zitronensaft und Süßungsmittel abschmecken und servieren.

**Ergibt: 4 Portionen**

# Vier-Lagen-Gemüse mit Kakao

Roher Kakao lässt sich mit zahlreichen Gemüsesorten kombinieren. Und der Blumenkohl gehört wie Brokkoli, Weiß- und Grünkohl zu den gesündesten Gemüsesorten, da sie uns im Kampf gegen den Krebs beistehen.

**½ Tasse plus 2 EL (50 und 12 g) Kakaopulver in Rohkostqualität**
**1 Tasse (100 g) geschälte Walnüsse**
**3 Knoblauchzehen**
**4 EL (60 ml) Zitronensaft**
**2 EL (5 g) frische Salbeiblätter**
**Meersalz zum Abschmecken**
**1 Tasse (65 g) Grünkohl, fein geschnitten**
**2 EL (20 g) rote Zwiebeln, gehackt**
**2 EL Apfelessig in Bio-Qualität**
**1 Tasse (150 g) Paprika, in Würfel geschnitten**
**½ Tasse (75 g) geschälte Sonnenblumenkerne**
**1 Tasse (100 g) Blumenkohl, klein geschnitten**
**¼ Tasse Tahin (Sesammus) in Rohkostqualität**

Verarbeiten Sie 1/4 Tasse (35 Gramm) des Kakaopulvers, Walnüsse, Knoblauch, 2 Esslöffel (30 Milliliter) Zitronensaft und Salbei im Mixer zu einem leckeren Pesto. Mit etwas Salz abschmecken und beiseitestellen.

Grünkohl, Zwiebeln und Apfelessig im Mixer pürieren. In eine Schüssel geben, mit Salz abschmecken. Beiseitestellen.

Dann Paprika, Sonnenblumenkerne und den restlichen Kakao glatt pürieren. In eine dritte Schüssel geben, abschmecken und beiseitestellen.

Schließlich Blumenkohl und Tahin nach Belieben zu einer dicken Masse verarbeiten. Mit Zitronensaft und etwas Salz abschmecken.

Nun die Mischungen nacheinander auf vier Tellern verteilen. Zuerst eine Lage auf den Teller geben, dann die nächste darüber, schließlich die dritte und die vierte darauf. Welche Abfolge Sie wählen, bleibt ganz Ihnen überlassen. Alle übrig gebliebenen Zutaten klein hacken und damit die Teller garnieren.

**Ergibt: 4 Portionen**

# Spaghettikürbis-Nester

Der Spaghettikürbis wird hier roh verwendet und bildet einen interessanten Kontrast zu dem erdigen Aroma des Kakaos. Wenn Sie noch nie Spaghettikürbis gegessen haben: Sein Inneres erinnert tatsächlich an Nudeln. Und das bei nur 30 Kalorien pro 100 Gramm! Eine leckere Alternative zu Weizennudeln.

**etwa 2 Tassen (200 g) Kürbisfleisch**
**2 Knoblauchzehen**
**⅓ Tasse (35 g) Kakaopulver in Rohkostqualität**
**½ Tasse (30 g) sonnengetrocknete Tomaten, fein gehackt**
**½ Tasse (90 g) frische Tomaten**
**2 EL (8 g) frischer Oregano**
**⅓ Tasse (40 g) sonnengetrocknete Oliven**
**¼ Tasse (35 g) Karotten, klein geschnitten**
**¼ Tasse (40 g) Zwiebeln, in Würfel geschnitten**
**2 EL (9 g) Kürbiskerne**
**½ Tasse (20 g) frisches Basilikum, in Streifen geschnitten**
**1 TL Zitronensaft**
**1 TL eingelegte Zitronen in Bio-Qualität, klein geschnitten**
**1 TL mildes natives Pflanzenöl**
**etwas Wasser zum Verrühren der Sauce (wahlweise)**
**Meersalz zum Abschmecken**

Den Spaghettikürbis entkernen. Das Fleisch mit der Gabel mehrfach lockern, sodass es lange Spaghettifäden zieht.

In der Küchenmaschine Knoblauch, Kakao, getrocknete und frische, klein geschnittene Tomaten, Oregano, Oliven, Karotten, Zwiebeln und Kürbiskerne mit Meersalz und, falls nötig, etwas Wasser zu einer glatten Sauce verrühren. Beiseitestellen.

Basilikum mit Zitronensaft, Zitronenstücken, Öl und Salz in einer Schüssel zu einer Sauce verrühren, beiseitestellen.

Die Spaghettikürbisfäden mit etwas Meersalz oder anderen Gewürzen vermischen. Mit zwei Gabeln aus dem Kürbis heben und auf Tellern zu kleinen Nestern anrichten. Mit einem Löffel oder einer Gabel eine Vertiefung in die Mitte drücken und die Kakaosauce hineingeben. 1 Löffel Basilikumsauce daraufsetzen. Servieren und genießen!

**Ergibt: 4 Portionen**

# KAPITEL 2

# Einfach super! Powerfood Kakao

Kakao ist, wie von Wissenschaftlern mehrfach bestätigt wurde, kein gewöhnliches Nahrungsmittel. Allein in den Jahren 2000 bis 2012 wurde Kakao und seine Rolle bei der Prävention von Krankheiten mehr als 70-mal untersucht. Dazu kommen noch Laborstudien über die einzelnen der über 300 in Kakao enthaltenen Wirkstoffe und ihre Auswirkung auf den menschlichen Körper – angefangen beim Cholesterinspiegel über Stressreduktion bis hin zu seiner regenerierenden Wirkung nach sportlicher Betätigung.

Doch was macht Kakao so besonders? Die meisten Untersuchungen beziehen sich auf eine Gruppe von sekundären Pflanzenstoffen, die wir als Flavonoide kennen. Kakao ist eine der besten Flavonoidquellen überhaupt. Er enthält davon noch mehr als Tee und Wein, die wegen ihres hohen Flavonoidgehalts ebenfalls als Superfoods angepriesen werden. Und dabei sind Flavonoide keineswegs der einzige gesunde Wirkstoff im Kakao! Er enthält darüber hinaus noch eine Reihe von Vitalstoffen, die ihre positiven Effekte erst im Zusammenspiel mit den Flavonoiden entfalten.

## Kakao: Ein Superfood mit hoher Nährstoffdichte

Wenn man beurteilen will, wie gesund ein Nahrungsmittel ist, bestimmt man gewöhnlich seinen Gehalt an Nährstoffen. Man überprüft, ob es z. B. viele Ballaststoffe enthält (gut!), wenig Nährstoffe (nicht so gut!) oder viele gesättigte Fette (die als ungesund gelten!) und formuliert dann eine entsprechende Empfehlung. Auch wenn es um Superfoods geht, sollten wir verstehen, welche Auswirkungen sie auf unsere Ernährung haben. Kakao ist weit mehr als nur ein Lieferant von sekundären Pflanzenstoffen. Glücklicherweise enthält er auch noch Ballaststoffe, gesunde Fette und Mineralstoffe wie Kupfer, Magnesium und Eisen.

### Löffelweise Ballaststoffe

In den USA empfiehlt man der Bevölkerung eine tägliche Ballaststoffaufnahme von 25 bis 35 Gramm. Mit dem Verzehr von Kakaobohnen, -pulver und Bitterschokolade können Sie bereits einen Gutteil davon decken. Etwa 30 Gramm Bitterschokolade enthalten 1 bis 6 Gramm Ballaststoffe. Auch in Kakaopulver sind noch viele Ballaststoffe der Bohne enthalten: 1 Esslöffel hat 5 Gramm Ballaststoffe.

Ballaststoffe erfüllen in unserem Körper mehrere wichtige Aufgaben. Vor allem sorgen sie dafür, dass der Speisebrei länger im Magen verbleibt und dass die unverdaulichen Bestandteile schneller ausgeschieden werden. Forscher in Neuseeland stellten sich die Frage, welche Nahrungsmittel gesund, billig und umweltverträglich zugleich seien. Das traf vor allem auf Nahrungsmittel mit hohem Ballaststoffgehalt zu, und das hat seinen Grund. Ein hoher Ballaststoffgehalt senkt das Risiko für zahlreiche Herz-Kreislauf-Erkrankungen bis hin zu Typ-2-Diabetes und Krebs.

### Fett: der verkannte Nährstoff

Über Fette kursieren die unterschiedlichsten Informationen. Vor noch nicht allzu langer Zeit legte man uns eine fettarme Ernährung nahe. Auch Null-Fett-Diäten wurden lange propagiert. Doch die angepriesenen Produkte enthielten in der Regel raffinierte Inhaltsstoffe und zudem mehr Zucker. Sie waren daher zum Abnehmen und zur Verbesserung der Gesundheit im Grunde ungeeignet. Die Wahrheit ist: Unser Körper braucht Fett, z. B. um Vitamine verarbeiten zu können und zur Regulierung von biochemischen Prozessen. Sogar geringe Mengen Fett rufen einen höheren Sättigungseffekt hervor, unterstreichen den Geschmack von Lebensmitteln und machen andere besser genießbar. Das wunderbare Gefühl von schmelzender Schokolade im Mund rührt von dem hohen Fettgehalt der Kakaobohne her.

Doch woher hat Fett seinen schlechten Ruf? Dafür gibt es mehrere Gründe. Einer davon ist, dass Fett mehr als doppelt so viele Kalorien pro Gramm hat als Kohlehydrate oder Proteine. Eine Avocado und ein Apfel sind fast gleich groß, doch die Avocado enthält mehr als doppelt so viele Kalorien. Man nennt das auch „Kaloriendichte". Kakao macht hier keine Ausnahme: Sein Fett- und Kaloriengehalt hat schon viele Menschen von seinem Genuss abgehalten. Doch: Vor allem pflanzliche Fette sind gut für eine gesunde Ernährung, Sie müssen nur deren Kaloriengehalt bei Ihrer täglichen Ernährungsbilanz berücksichtigen. Der Großteil der Kalorien des Kakao stammt aus Fett. Etwa 30 Gramm Bitterschokolade enthalten etwa 12 Gramm Fett, was fast zwei Drittel ihres Kaloriengehalts ausmacht.

## Fett ist nicht gleich Fett

Aber Fettkonsum ist nicht nur eine Frage der Quantität. Auch die Qualität des Fettes spielt eine entscheidende Rolle. Der Großteil der Kakaofette besteht aus gesättigten Fetten. Diese galten lange als ungesund – mit einigen Ausnahmen, die auch auf die Kakaofette zutreffen. Etwa ein Drittel der Fette im Kakao sind wie im Olivenöl einfach ungesättigt. Einfach ungesättigte Fette haben gesundheitliche Vorzüge. Sie reduzieren das LDL, d.h. das „schlechte" Cholesterin. Diese Fette finden sich vorzugsweise in pflanzlichen Nahrungsmitteln wie Olivenöl, Avocado und Nüssen. Sie gehören zu einer gesunden Ernährung einfach dazu.

Gesättigte Fette werden gewöhnlich als nicht empfehlenswert betrachtet, weil sie den LDL-Spiegel im Blut erhohen. Doch die Auswirkungen von gesättigten Fetten auf die Gesundheit sind wesentlich komplexer, denn nicht alle gesättigten Fettsäuren steigern den Cholesterinspiegel. Stearinsäure, die den größten Teil der Kakaofette ausmacht, ist die große Ausnahme! Aktuelle Forschungsergebnisse lassen annehmen, dass Stearinsäure auf den LDL-Spiegel neutral wirkt oder ihn sogar senkt. Mittlerweile deuten die Ergebnisse von einigen wissenschaftlichen Untersuchungen sogar darauf hin, dass gesättigte Fettsäuren gar keinen Risikofaktor für die Entwicklung von Herz-Kreislauf-Erkrankungen darstellen.

## Kakao enthält gesunde Mineralstoffe

Die meisten Mineralstoffe sind anorganische chemische Elemente, die in natürlicher Form auf der Erde vorkommen. Einige sind für die Funktionsweise unseres Körpers lebenswichtig. So bestehen z. B. unsere Knochen, Zähne und sogar ein Teil unseres Blutes und unserer anderen Körperflüssigkeiten aus Mineralstoffen. Es überrascht Sie vielleicht, doch Kakao ist eine gute Quelle für bestimmte Mineralstoffe. Die in Kakao enthaltenen Mineralstoffe haben darüber hinaus eine besonders heilsame Wirkung, weil wir sie im Verbund mit diversen Antioxidantien zu uns nehmen. Diese Mineralstoffe wollen wir uns nun im Einzelnen anschauen:

- **Kupfer:** Ein Stück Bitterschokolade, das dem Körper 100 Kalorien liefert, deckt gleichzeitig ein Drittel der täglich empfohlenen Kupferzufuhr, und 1 Esslöffel Kakaopulver enthält immer noch ein Fünftel der empfohlenen Menge. Kupfer trägt zur Eisenaufnahme bei, zur Herstellung roter Blutkörperchen und damit zum Sauerstofftransport sowie zur Freisetzung von Energie. Auch ein Enzym, das durch freie Radikale hervorgerufene Schädigungen repariert, benötigt Kupfer, es wirkt also ähnlich wie ein Antioxidans. Es gibt Theorien, die davon ausgehen, dass Kupfer und sekundäre Pflanzenstoffe Synergien bilden, was die positive Wirkung von Kakao erklären würde. Kupfermangel ist selten, führt dann aber zu hohem Blutdruck, Entzündungen, Glukoseintoleranz und erhöhten Cholesterinwerten.
- **Magnesium:** In 100 Kalorien Bitterschokolade steckt so viel Magnesium, dass etwa 10 Prozent der täglich empfohlenen Magnesiumzufuhr damit gedeckt werden können. Bei Rohkakao sind es sogar fast 25 Prozent! Magnesium findet sich in Knochen, Muskeln, Herz, Weichteilen und im Blut. Es ist der vierthäufigste Mineralstoff in unserem Körper. Es fördert die Aktivität von über 300 Enzymen. Zusammen mit Kalzium sorgt es dafür, dass die Muskeln richtig arbeiten. Da es bei der Weiterverarbeitung von Nahrungsmitteln häufig verloren geht, ist eine möglichst naturbelassene Ernährung für die Magnesiumaufnahme sinnvoller. Die meisten Menschen nehmen nicht genug Magnesium zu sich. Das kann negative Auswirkungen auf ihre Gesundheit haben, weil Magnesium eine wichtige Rolle bei der Proteinsynthese spielt, also bei der Bildung neuer Zellen, aber auch bei der Muskelentspannung und Energieproduktion. Außerdem

senkt es den Blutdruck. Magnesiummangel spielt beim metabolischen Syndrom und der Ausbildung von Insulinresistenz eine entscheidende Rolle. Mehr dazu erfahren Sie in Kapitel 4.

- **Eisen:** Unsere roten Blutkörperchen brauchen Eisen, um Sauerstoff und Nährstoffe in unsere Zellen bringen zu können. Eisenmangel hat gravierende Auswirkungen, unter anderem Blutarmut, Erschöpfung und Unwohlsein. Glücklicherweise findet sich Eisen in vielen pflanzlichen Nahrungsmitteln, so auch in Kakao. Etwa 30 Gramm Bitterschokolade liefern uns etwa 20 Prozent der empfohlenen täglichen Eisenzufuhr. Und Rohkakao enthält noch mehr. Er ist also eine ausgezeichnete Eisenquelle! Dabei müssen wir uns allerdings auch die Frage stellen, wie gut der Körper das aufgenommene Eisen verwerten kann. Pflanzen enthalten Eisen als dreiwertiges Ion, das weniger gut resorbiert wird wie das zweiwertige Eisen aus tierischen Quellen. Glücklicherweise lässt sich die Aufnahme steigern, indem man die Eisenquelle mit Vitamin C zu sich nimmt. Roher Kakao z. B. enthält bereits Vitamin C.

## Sekundäre Pflanzenstoffe und Antioxidantien: die Stärken von Kakao

Es ist natürlich großartig, dass Kakao so viele Nährstoffe enthält, doch bei einer gesunden Ernährung geht es nicht nur um die Nährstoffaufnahme. Manche Nahrungsmittel haben dank Ihrer sekundären Pflanzenstoffe darüber hinaus noch andere positive gesundheitliche Effekte. Unserer Erfahrung nach handelt es sich bei diesen Nahrungsmitteln vorwiegend um Pflanzen. Kakao ist da keine Ausnahme!

Diese so genannten „sekundären Pflanzenstoffe" heißen so, weil sie weder im Energie- noch im Stoffkreislauf der Pflanze hergestellt werden, für diese also nicht lebensnotwendig sind. Dasselbe gilt auch für den Menschen: Sekundäre Pflanzenstoffe sind für unsere Körperfunktionen – anders als Vitamine und Mineralstoffe – nicht von essenzieller Bedeutung. Daher gibt es für sie auch keine empfohlenen Tagesmengen. Doch zahlreiche Forschungsergebnisse konnten mittlerweile belegen, dass sekundäre Pflanzenstoffe – von denen es Tausende gibt – von großem gesundheitlichen Nutzen für den menschlichen Organismus sind.

## ANTIOXIDANTIEN GEGEN KRANKHEITEN

Antioxidantien stehen in der Erforschung der sekundären Pflanzenstoffe an vorderster Stelle. Sie kommen in verschiedenen Pflanzen wie z. B. Kakao natürlich vor und helfen dem menschlichen Organismus, Schädigungen durch freie Radikale abzumildern. Freie Radikale führen in den Zellen zu oxidativen Schäden, die bei der Ausbildung altersbedingter Erkrankungen eine große Rolle spielen. Dazu gehören übermäßiges Zellwachstum wie beim Krebs, aber auch die Erkrankungen des Herz-Kreislauf-Systems. Weitere gute Quellen für Antioxidantien sind Beeren, Früchte und Wein. Für Antioxidantien gibt es keine empfohlenen Tagesmengen. Nehmen Sie Antioxidantien aus möglichst naturbelassenen Quellen zu sich.

Sekundäre Pflanzenstoffe finden sich in vielen pflanzlichen Nahrungsmitteln wie Kakao, Obst, Gemüse, Getreide, Hülsenfrüchten, Nüssen, Samen, Gewürzen, Kräutern und in Getränken wie Tee und Kaffee. Viele dieser Stoffe wirken als Antioxidans und verhindern, dass freie Radikale Zellmembranen und DNS-Moleküle schädigen sowie wichtige Körperprozesse beeinträchtigen. Vielen Obst- und Gemüsesorten wird nachgesagt, dass sie den Körper vor Krebs schützen. Man vermutet, dass dies ebenfalls auf ihren Gehalt an Antioxidantien zurückzuführen ist. Auch Vitamine und Mineralstoffe wie Betakarotine, die Vitamine C und E, Kupfer, Zink und Selen haben eine antioxidative Wirkung. Zu den sekundären Pflanzenstoffen zählen auch Karotinoide (z. B. in grünem Blattgemüse), Sulfide (in Zwiebeln und Knoblauch), Phytoöstrogene (in Sojabohnen) und Flavonoide (im Kakao). Doch die Forschungsarbeiten zum komplexen Zusammenspiel dieser Stoffe und ihren Auswirkungen auf unsere Gesundheit sind noch lange nicht abgeschlossen.

## Warum Kakao ein Superfood ist

Kakao enthält mehr Antioxidantien als Tee, Wein, Heidelbeeren oder Gojibeeren. Sie alle gehören zu den Nahrungsmitteln mit dem größten antioxidativen Potenzial.

Obst und Gemüse liefern viele sekundäre Pflanzenstoffe. Einige davon – beispielsweise Spinat – sind tatsächlich so nähr- und vitalstoffreich, dass sie ebenfalls als „Superfoods" bezeichnet werden. Im Kampf gegen Krankheiten stehen Superfoods an vorderster Front, da sie zusammen mit Vitaminen und Mineralstoffen unsere Gesundheit fördern. Und Kakao gehört zu den Superfoods, weil er alle diese positiven Stoffe in hoher Konzentration enthält.

Kakao enthält viele Flavonoide, die zu den Polyphenolen zählen. Wie viel tatsächlich darin enthalten ist, hängt in erster Linie davon ab, wie stark er behandelt wurde. Rohes Kakaopulver kann bis zu 10 Prozent seines Gewichts an Flavonoiden enthalten. Eine der Untergruppen der Flavonoide sind die Flavanole. Sie sind es, die den Kakao zum Superfood machen. Im Folgenden möchten wir Ihnen noch weitere Informationen zu den sekundären Pflanzenstoffen mit auf den Weg geben. Sie werden Ihnen auch in den Rezepten noch begegnen.

- **Polyphenole:** Zur der großen Klasse dieser Wirkstoffe gehören die Flavonoide, die Isoflavone (in Sojabohnen), die Anthocyane und die Tannine. Diese Phenolverbindungen finden sich auch in größeren Mengen in Wein oder Tee. Meist teilt man sie in zwei Gruppen ein: Flavonoide und Nicht-Flavonoide. Zu den Polyphenolen gibt es zahlreiche wissenschaftliche Untersuchungen, die deren positive Wirkung auf chronische Krankheiten belegen.
- **Flavonoide:** Diese Gruppe der Polyphenole umfasst Flavanole, Anthocyane, Flavonole und Flavone.
- **Epicatechin:** Dies ist das wichtigste Flavonoid in der Kakaobohne, zu dem es bereits zahlreiche wissenschaftliche Untersuchungen gibt. Es hat verschiedene chemische Strukturen, sogenannte Stereoisomere. Wissenschaftler sind derzeit auf der Suche nach der aktivsten Form dieser Stereoisomere. Der Einfachheit halber verwenden wir in diesem Buch die Bezeichnung „Epicatechin".

Da wir nun über unser Superfood Kakao etwas mehr wissen, wollen wir seine speziellen Auswirkungen auf unsere Gesundheit unter die Lupe nehmen. Und natürlich die Frage, wie wir möglichst viel von diesem Superfood in unsere tägliche Ernährung einbauen können.

## Praktische Tipps

- Sie sind den Verzehr von Kakao und Schokolade in und zu jeder Mahlzeit vermutlich nicht gewöhnt. Daher werden wir mit einfacheren Rezepten anfangen. Lassen Sie sich nicht abschrecken! Je weiter Sie sich auf diesem neuen Terrain vorwagen, desto williger werden Ihre Geschmacksknospen darauf reagieren. Und Sie können natürlich mit dem Gehalt an Kakao in jedem Rezept experimentieren.
- Kombinieren Sie Kakao möglichst mit Nahrungsmitteln, die Vitamin C enthalten wie Gemüsepaprika, Brokkoli und Zitrusfrüchten. Auf diese Weise kann Ihr Körper das darin enthaltene Eisen besser aufnehmen.
- Kakao lässt sich gut mit anderen Nahrungsmitteln kombinieren, die viele sekundäre Pflanzenstoffe enthalten, wie Quinoa, Chiasamen und Kokosnuss – beim Kochen ebenso wie im leckeren Schokoriegel.
- Da Kakao und Schokolade eine hohe Kaloriendichte haben, achten Sie darauf, zum Ausgleich den Fett- und Kaloriengehalt Ihrer Gerichte zu reduzieren. Auch wenn Sie gesunde Dinge zu sich nehmen, sollten Sie es damit nicht übertreiben. Dies gilt vor allem für Lebensmittel mit hoher Kaloriendichte wie Nüsse, Samen, Öle usw.
- Essen Sie mehr Obst und Gemüse! Das sind wahre Energiebomben und sollten den Großteil jeder Mahlzeit ausmachen. Eine 1/2 Tasse Gemüse ergibt bereits 1 Portion. Um also auf die sprichwörtlichen „5 Tagesportionen“ zu kommen, müssen Sie nur 2 1/2 Tassen verzehrfertiges Gemüse zu sich nehmen. Das müsste doch zu machen sein! In den folgenden Rezepten werden Power-Wirkstoffe des Kakaos kombiniert mit den sekundären Pflanzenstoffen von Obst und Gemüse – zu gesunden, einzigartigen und köstlichen Mahlzeiten!

# Kakao für Ihre Gesundheit

Quinoa-Schoko-Energieriegel **46**

Rohes Kakao-Apfelmus mit Kürbiskernen **48**

Grünkohl-Rohkost mit Schoko-Orangen-Dressing **49**

Ein-Stunden-Mole **50**

Unvergesslich leckerer Quinoa-Pilaw mit Kakaonibs **53**

Schokoladig-fruchtiger Waldorfsalat **54**

Verführerisch gefüllte Datteln **56**

Köstliche gefüllte Champignons **57**

Kakao-Mango-Lassi **58**

Aromatischer Heidelbeer-Kakao-Smoothie **60**

Kakao-Gewürz-Topping **61**

# Quinoa-Schoko-Energieriegel

So lassen sich Quinoa und Kakao optimal kombinieren. Wandeln Sie das Rezept ganz nach Ihrem Geschmack mit Getreide, Samen, Nüssen und Trockenfrüchten ab. Quinoa wird wie Getreide zubereitet und verwendet, zählt allerdings zu den Amaranthgewächsen. Sie enthält viel Protein, Ballaststoffe, Eisen und andere Mineralstoffe. Zudem enthalten diese Energieriegel die herzgesunden Flavonoide des Kakaos.

**1½ Tassen (260 g) Quinoa, ungekocht**
**½ Tasse (50 g) gemahlene Mandeln oder andere Nüsse nach Wahl**
**½ Tasse (45 g) Kokosraspel in Bio-Qualität**
**½ Tasse (60 g) getrocknete Cranberrys**
**½ Tasse (45 g) getrocknete Äpfel, klein geschnitten**
**¼ TL Salz**
**½ Tasse (130 g) Cashew- oder Mandelmus in Rohkostqualität**
**½ Tasse (160 ml) Agavendicksaft**
**¼ Tasse (55 ml) Kokosöl in Rohkostqualität**
**½ Tasse (90 g) Zartbitter-Schokotropfen in Bio-Qualität**

Den Backofen auf 180 °C vorheizen.

Die Quinoa auf einem Backblech verteilen und 7 bis 8 Minuten rösten. Aus dem Ofen nehmen und in eine große Schüssel geben. Nüsse, Kokosraspel und Trockenfrüchte dazugeben. Beiseitestellen.

In einer mittelgroßen Kasserolle Salz, Nussmus, Agavendicksaft und Öl verrühren. Bei mittlerer Hitze zum Köcheln bringen und sofort vom Herd nehmen. Über die Quinoa-Mischung gießen und vermengen, bis alle trockenen Zutaten feucht sind. Anschließend die Schokotropfen unterheben. Die Masse auf ein geöltes Backblech von 23 x 33 Zentimetern Größe geben, gut andrücken und 15 Minuten backen. Abkühlen lassen, zu Riegeln schneiden und in einem luftdicht verschlossenen Behälter aufbewahren.

**Ergibt: 12 Riegel**

# Rohes Kakao-Apfelmus mit Kürbiskernen

Äpfel enthalten viele Antioxidantien und schmecken einfach lecker! Kürbiskerne liefern Ballaststoffe, Eisen und Magnesium und verleihen diesem Mus eine interessante knusprige Note.

- **2 Tassen (250 g) Granny-Smith-Äpfel oder eine andere säuerliche Sorte, fein geraspelt**
- **2 Tassen (250 g) Äpfel (Braeburn, Gala oder Jonagold), fein geraspelt**
- **1 TL frische Ingwerwurzel, fein gehackt**
- **⅓–½ Tasse (35–50 g) Kakaopulver in Rohkostqualität**
- **¼ TL Salz**
- **Mark von 1 Vanilleschote**
- **1 EL (15 ml) Zitronensaft**
- **2 EL Süßungsmittel nach Wahl zum Abschmecken (wahlweise)**
- **¼ Tasse (35 g) Rosinen (wahlweise)**
- **¼ Tasse (55 g) Kürbiskerne, geschält und grob gemahlen oder gehackt**

Alle Zutaten bis auf die Kürbiskerne in die Küchenmaschine bzw. den Mixer geben und zu einem glatten Püree verarbeiten. In eine große (oder mehrere kleine) Servierschüssel(n) geben und vor dem Servieren 1 bis 2 Stunden in den Kühlschrank stellen. Mit den Kürbiskernstücken bestreuen und genießen!

**Variationen**: Süßen Sie das Mus mit Agavendicksaft oder Ahornsirup. Die Rosinen können Sie auch durch Sultaninen, getrocknete Beeren oder einen Mix aus beidem ersetzen.

**Ergibt: 9 Portionen (jeweils ½ Tasse oder 125 Gramm)**

# Grünkohl-Rohkost mit Schoko-Orangen-Dressing

Grünkohl ist mittlerweile voll im Trend und hier wird er mit dem bald noch trendigeren Kakao kombiniert. Dabei passen die beiden doch ohnehin schon gut zusammen. Grünkohl ist ein sehr gesundes Gemüse, das neben Kalzium und Eisen auch viele Proteine und Omega-3-Fettsäuren enthält. Und sein Gehalt an Antioxidantien wird durch die der Beeren und des Kakaos noch gesteigert. Gesünder geht's nicht!

**2–3 EL (14–21 g) Kakaonibs in Rohkostqualität**

**¼ Tasse (60 ml) Orangensaft**

**1 Knoblauchzehe**

**2 EL Olivenöl**

**Salz zum Abschmecken**

**Limettensaft zum Abschmecken**

**2 Bund Grünkohl, gewaschen, von harten Rippen befreit und klein geschnitten**

**¼ Tasse (55 g) geschälte Kürbiskerne**

**½ Tasse (90 g) gewürfelte Tomaten, ohne Wasser und Kerne**

**½ Tasse (75 g) roter oder orangefarbener Paprika, in Würfel geschnitten**

**Chiliflocken oder klein geschnittene Chilischoten zum Abschmecken**

Kakaonibs, Orangensaft, Knoblauch, Olivenöl und Salz in eine Schüssel geben und gründlich verrühren. Den Limettensaft dazugeben. Dann in einer großen Salatschüssel mit den restlichen Zutaten vermengen und 10 Minuten ziehen lassen. Erneut durchrühren und nach Belieben abschmecken.

**Ergibt: 4 bis 6 Portionen**

# Ein-Stunden-Mole

Eine Mole ist eine dicke Sauce aus der mexikanischen Küche. Dieses Prachtexemplar ist in einer Stunde fertig. Schmeckt super zu den Wow! Schoko-Enchiladas (Seite 27), zum Relleno Poblado (Seite 84) und zu den Kakao-Kartoffel-Tacos (Seite 128)! Tomaten sind fast die wichtigste Zutat dieser Mole. Sie enthalten viel Vitamin C, aber auch Eisen, Vitamin K sowie Kalium – und wenig Kalorien, von denen sage und schreibe 10 Prozent aus Proteinen stammen.

**1 Karotte**

**1 Kochbanane, geschält**

**1 Paprikaschote, halbiert und von den Kernen befreit**

**6 Knoblauchzehen in der Schale**

**1 Zwiebel, geschält und halbiert**

**Salz zum Abschmecken**

**2–3 EL (30–45 ml) natives Pflanzenöl, z. B. Oliven- oder Maisöl**

**3 oder 4 getrocknete und von Kernen befreite Poblano-Schoten (Ancho-Chili)**

**3 Tassen (720 ml) warme Gemüsebrühe (nach Belieben mit Pilzen)**

**1 Zimtstange (etwa 5 Zentimeter lang)**

**1 TL Kreuzkümmel, ganze Samen**

**1½ TL Koriander, ganze Samen**

**2 EL (16 g) Sesamsamen**

**1 TL Pfefferkörner**

**1 Tasse (240 g) Tomaten, fein gehackt**

**1½ TL Chilipulver**

**½ TL Salz**

**2 TL frischer Oregano, fein gehackt**

**2 EL (30 ml)–¼ Tasse (60 ml) Chipotle-Sauce**

**¼ Tasse (35 g) Maisgrieß**

**½ Tasse (75 g) geröstete Nüsse nach Wahl**

**½ Tasse (20 g) geröstete Brotwürfel (wahlweise)**

**120 g ungesüßte Zartbitterschokolade in Bio-Qualität**

**¼ Tasse (4 g) frisches Koriandergrün, fein gehackt**

**2 EL (20 g) Vollrohrzucker oder 40 ml Agavendicksaft (wahlweise)**

Den Backofen auf 230 °C vorheizen.

Karotten, Kochbanane, Paprika, Knoblauchzehen und Zwiebel in eine Kasserolle oder Auflaufform geben. Salzen, mit etwas Öl beträufeln und 20 Minuten backen. Nach der Hälfte der Zeit wenden. Aus dem Ofen nehmen und 5 Minuten abkühlen lassen.

In der Zwischenzeit die Poblano-Schoten 10 Minuten in 1 Tasse (240 Milliliter) Gemüsebrühe einweichen. Dann die Mischung pürieren.

Zimtstange, Kreuzkümmel, Koriander, Sesamsamen und Pfefferkörner in einer trockenen Pfanne bei mittlerer Hitze 3 bis 4 Minuten anrösten. Etwas abkühlen lassen. Dann im Mörser zerstoßen oder in der Gewürz- bzw. Kaffeemühle fein mahlen.

Die Tomaten in einen großen, schweren Topf geben. Mit der restlichen Brühe aufgießen, die gemahlenen Gewürze, Chilipulver, Salz, Oregano, Chipotle, Maisgrieß und Poblano-Mus dazugeben. Köcheln lassen, bis Sie die Kochbananen-Mischung aus dem Ofen holen.

Die Knoblauchzehen schälen und mit dem restlichen Gemüse in die Küchenmaschine geben. Mit Nüssen, Brotwürfeln und dem restlichen Öl zerkleinern. Zu der Tomatenmischung gießen und 10 Minuten kochen. Dabei gelegentlich umrühren. Schokolade und Koriander unterrühren. Weitere 10 Minuten köcheln lassen. Nach Belieben abschmecken.

**Anmerkung**: Sie können die Mole noch weitere 10 bis 15 Minuten kochen. Für eine dünnflüssigere Konsistenz etwas Brühe dazugeben. Zum Andicken verwenden Sie grob gemahlenes Maismehl oder Maisgrieß. Limettensaft macht die Mole fruchtiger. Rösten Sie das Maismehl nach Belieben mit den Gewürzen an, dann treten die Röstaromen stärker hervor.

**Variationen**: Sie können das Rezept ganz nach Ihrem Geschmack interpretieren, indem Sie Ihre Lieblingsnüsse verwenden, z. B. Pekannüsse, Haselnüsse, Erdnüsse, Pistazien oder jede beliebige Kombination aus ihnen. Statt der Brotwürfel können Sie 1/2 Tasse (110 Gramm) gekochte Kartoffeln oder Süßkartoffeln (140 Gramm) dazugeben – oder noch 1/4 Tasse (35 Gramm) Maisgrieß.

**Ergibt: 6 bis 7 Tassen (1,5 bis 1,8 Kilogramm)**

# Unvergesslich leckerer Quinoa-Pilaw mit Kakaonibs

Kakaonibs passen großartig zu Pilaw und verleihen ihm noch mehr Pep! Doch Kakao ist nicht der einzige antioxidative Superstar in diesem Gericht: Heidelbeeren spenden wertvolle Anthocyane und sollen zudem einen positiven Effekt auf den Blutzuckerspiegel haben. Und Quinoa liefert uns komplexe Proteine, die alle neun essenziellen Aminosäuren enthalten.

**4 Tassen (740 g) Quinoa, gekocht und abgegossen**
**½ Tasse (180 g) Kakaonibs in Rohkostqualität, zerdrückt**
**1 Tasse (145 g) Heidelbeeren**
**½ Tasse (85 g) Erdbeeren, in Scheiben geschnitten**
**½ TL Salz**
**1–2 EL (15–30 ml) Olivenöl**
**2 EL (30 ml) Zitronensaft**
**1 TL abgeriebene Zitronenschale (von einer Bio-Zitrone!)**
**¼ Tasse (16 g) frischer Dill, fein gehackt**
**¼ Tasse (24 g) frische Minze, fein gehackt**
**115 g Rucola, gehackt**
**½ Tasse (45 g) geröstete Sojakerne**
**½ Tasse (80 g) rote Zwiebeln, fein gehackt**
**etwas Granatapfelessig (wahlweise)**

Diesen Pilaw zusammenzustellen ist recht einfach: Alle Zutaten in eine große Salatschüssel geben, gut vermischen und nach Belieben abschmecken. Sie können den Quinoa-Pilaw warm oder kalt servieren.

**Variationen**: Verwenden Sie andere Beeren oder Kräuter. Ersetzen Sie die Sojakerne durch Nüsse, Pinienkerne, Kürbiskerne oder Samen. Oder geben Sie eine beliebige Mischung davon hinzu. Herzhafter wird der Pilaw, wenn Sie ihn z. B. mit 1 bis 2 Tassen (200 bis 400 Gramm) gebackenem Kürbis zubereiten. Bei diesem Gericht haben Sie die sprichwörtliche Qual der Wahl!

**Ergibt: 4 Hauptgerichte oder 8 Beilagenportionen**

# Schokoladig-fruchtiger Waldorfsalat

Diese klassische Salatvariation schmeckt mit Schokolade noch interessanter. Erdbeeren sorgen zudem für eine fruchtige Erfrischung. Sie enthalten eine größere Vielfalt an Antioxidantien als Heidelbeeren!

**½ Tasse (75 g) Sultaninen**
**½ Tasse (60 g) Knollensellerie, in Würfel geschnitten**
**½ Tasse (60 g) Pekannüsse, gehackt**
**½ Tasse (65 g) Zartbitterschokolade in Bio-Qualität, geraspelt**
**½ Tasse (85 g) Erdbeeren, in Scheiben geschnitten**
**½ Tasse (65 g) Jicamawurzel, in Würfel geschnitten**
**1 Apfel, in Würfel geschnitten (Ich liebe säuerliche Sorten wie Granny Smith.)**
**2 Satsumas, geschält, entkernt und in Schnitze zerteilt (wahlweise auch Orangen oder Mandarinen)**
**2 EL (8 g) frische glatte Petersilie, fein gehackt**
**1 EL (6 g) frische Minze, fein gehackt**
**Salz und schwarzer Pfeffer zum Abschmecken**
**1 EL (15 ml) Apfelessig in Bio-Qualität**
**1 EL (15 ml) Olivenöl**

All die köstlichen Zutaten für diesen Salat in eine große Schüssel geben, gut vermengen und nach Belieben abschmecken.

**Variationen**: Eine pikante bis scharfe Note bekommt das Ganze, wenn Sie Dijon-Senf unterrühren oder etwas Rettich dazugeben. Das Dressing für den Salat sollte jedoch so leicht wie möglich bleiben und die Aromen der einzelnen Zutaten nicht überdecken.

**Ergibt: 2 Hauptgerichte oder 4 Beilagenportionen**

# Verführerisch gefüllte Datteln

Diese Leckerei macht immer Eindruck! Datteln wirken zwar etwas dekadent, doch sie stecken voller Vitamin A und Tanninen, die ebenfalls eine antioxidative Wirkung haben. Pekannüsse sind wie Walnüsse eine unverzichtbare Quelle für pflanzliche Sterine, die den Gesamtcholesterinspiegel senken.

**¼ Tasse (30 g) Pekannüsse, gehackt**

**¼ Tasse (35 g) Bitterschokolade in Bio-Qualität, geraspelt**

**½ Tasse (55 g) Chorizo aus Sojabohnen (oder etwa 85 g gekochte dicke Bohnen, zerdrückt und mit 1 TL Chilisauce vermengt)**

**1 TL Balsamico**

**1 TL Olivenöl**

**2 EL (40 g) Marmelade**

**Salz und schwarzer Pfeffer zum Abschmecken**

**24 große, entsteinte Datteln, zum Befüllen der Länge nach aufgeschnitten**

**2 EL (6 g) frischer Schnittlauch, gehackt**

In einer mittelgroßen Schüssel alle Zutaten bis auf die Datteln mit der Hälfte des Schnittlauchs verrühren. Dann jede Dattel mit etwas weniger als 1 Esslöffel (ca. 15 Gramm) der Mischung füllen.

Mit den restlichen Schnittlauchröllchen bestreut servieren. Oder in eine Auflaufform setzen und etwa 5 bis 7 Minuten unter dem Grill (oder der oberen Heizspirale Ihres Backofens) überbacken, bis die Oberfläche der Datteln gebräunt ist. Erst dann mit dem restlichen Schnittlauch bestreuen und servieren.

**Anmerkung**: Sie können für dieses Rezept alle Dattelsorten verwenden. Medjoul-Datteln sind süßer als die bernsteinfarbene Sorte Deglet Nour, aber meist auch größer.

**Ergibt: 24 gefüllte Datteln**

# Köstliche gefüllte Champignons

Wenn ich diese Champignons zu einer Party mitbringe, fragen mich fast alle nach dem Rezept. Es lässt sich leicht abwandeln, indem man eine andere Nusssorte wählt oder andere Kräuter. Pinienkerne enthalten viele gesunde Fettsäuren und Mineralstoffe (vor allem Magnesium). Und die leckeren Champignons liefern uns vor allem Kalium und Selen.

**½ Tasse (70 g) Pinienkerne**
**¼ Tasse (35 g) Zartbitter- oder Bitterschokolade in Bio-Qualität, geraspelt**
**¼ Tasse (10 g) frisches Basilikum, fein gehackt**
**2 Knoblauchzehen**
**2 EL (20 g) weiße Zwiebeln, gehackt**
**2 EL (7 g) sonnengetrocknete Tomaten, klein geschnitten**
**¼ Tasse (45 g) Cannellini-Bohnen (kleine weiße Bohnen aus der Toskana), gekocht und zerdrückt**
**1–2 EL (15–30 ml) Zitronensaft oder Balsamico**
**1 EL (15 ml) Olivenöl**
**Salz zum Abschmecken**
**12 große Champignons ohne Stiele**

Den Grill im Backofen bzw. die obere Heizspirale vorheizen.

In einer großen Schüssel alle Zutaten bis auf Salz und Pilze verrühren. Die Mischung sollte eine grobe, pestoartige Konsistenz haben. Nach Belieben abschmecken. Jeden Pilz mit etwa 1½ Esslöffeln der Masse füllen. Auf ein leicht geöltes Backblech setzen und mit etwas Öl beträufeln. Etwa 5 Minuten grillen, bis die Oberfläche gebräunt ist. Vor dem Servieren auf einem Stück Küchenkrepp abtropfen lassen.

**Anmerkung**: Die Pilzstiele können Sie z. B. als Zutat für Gemüsebrühe verwenden.

**Variationen**: Wenn Sie rohe Pilze mögen, können Sie auch auf das Grillen verzichten. Unsere Empfehlung: Legen Sie die Pilze (noch mit den Stielen) für 2 bis 3 Stunden oder über Nacht mit etwas Meer- oder Räuchersalz in einem Plastikbeutel in den Kühlschrank, dann schmecken sie weniger roh.

**Ergibt: 12 gefüllte Pilze**

# Kakao-Mango-Lassi

Lassi mag einfach jeder! Und Schokolade ist die perfekte Ergänzung zu diesem leckeren Joghurtgetränk. Die Mango hat viel Vitamin C und Betakarotine zu bieten. Und der Lassi lässt sich natürlich auch wunderbar mit Erdbeeren, Honigmelonen oder Pfirsichen zubereiten. Ihrer Fantasie sind hier keine Grenzen gesetzt. Wenn Sie statt Kokosmilch lieber eine andere Veggie-Milch trinken: Auch damit ist der Kakao-Mango-Lassi Genuss pur!

**½ Tasse (40 g) Kakaopulver in Bio-Qualität**

**3–4 EL (40–60 g) Zuckersirup in Bio-Qualität oder Agavendicksaft zum Abschmecken**

**1½ Tassen (360 ml) vollfette Kokosmilch (oder noch besser 345 g Joghurt aus Kokosmilch)**

**¼ Tasse (60 ml) Zitronensaft**

**einige Prisen Salz**

**½ TL Kardamom**

**1 Tasse (175 g) Mangostücke (auch tiefgefroren)**

**½ Tasse (120 ml) naturreiner Mangosaft**

Geben Sie alle Zutaten in den Mixer und pürieren Sie diese zu einem leckeren schaumigen Getränk. Geben Sie nach Belieben mehr Flüssigkeit dazu und schmecken Sie das Getränk ab. In hohen Gläsern auf Eiswürfeln servieren.

**Ergibt: 2 große oder 4 kleine Lassi**

# Aromatischer Heidelbeer-Kakao-Smoothie

Hafer, Kakao und Heidelbeeren geben nicht nur ein geschmacklich perfektes Trio ab, sondern enthalten als echte Superfoods auch jede Menge Antioxidantien. Die Heidelbeeren schenken uns Vitamin K und der Hafer reichlich lösliche Ballaststoffe, die den Cholesterinspiegel senken.

**½ Tasse (50 g) Kakaopulver in Rohkostqualität**
**1½ Tassen (360 ml) Hafermilch**
**1 Tasse (145 g) Heidelbeeren**
**Mark von 1 Vanilleschote**
**½ TL gemahlener Zimt**
**1 Banane**
**1 EL (15 ml) Zitronensaft**
**Süßungsmittel nach Wahl zum Abschmecken (wahlweise)**

Alle Zutaten in einem guten Mixer glatt pürieren. Nach Belieben abschmecken. Vor dem Servieren kalt stellen.

**Variationen**: Noch gesünder wird der Smoothie, wenn Sie 2 Esslöffel Leinsamen dazugeben. Leinsamen enthalten mehr Omega-3- als Omega-6-Fettsäuren. Das kann man nicht von vielen Nahrungsmitteln behaupten! Omega-3-Fettsäuren schützen unser Herz, doch auch das Verhältnis von Omega-3- zu Omega-6-Fettsäuren spielt dabei eine Rolle. Überwiegen die Omega-6-Fettsäuren, fördert dies Mikro-Entzündungen und es können sich Herz-Kreislauf-Erkrankungen, Autoimmun-Störungen und möglicherweise sogar Krebs entwickeln.

**Ergibt: 2 Portionen**

# Kakao-Gewürz-Topping

Kurkuma ist bekannt für ihren hohen Anteil an Kurkumin, dem natürlichen gelben Farbpigment in der gesunden Wurzel. Eine 2007 durchgeführte Studie ergab, dass Kurkumin antioxidativ, anti-entzündlich, antiviral, antibakteriell, antifungal und krebsvorbeugend wirkt. Kurkuma verleiht dieser Gewürzmischung zudem eine feine Currynote. Experimentieren Sie! Und wandeln Sie das Topping ganz nach Geschmack und Herzenslust mit Ihren Lieblingsgewürzen ab.

**¼ Tasse (25 g) Kakaopulver in Rohkostqualität**
**½ TL Salz**
**2 TL Kurkuma**
**1 TL Paprikapulver**
**1 TL Knoblauchpulver**
**2 EL (12 g) Würzhefeflocken**
**1 EL (8 g) Sesamsamen, gemahlen**
**1–2 EL Gewürze nach Wahl (z. B. Ingwer, Kümmel, Bockshornklee oder Koriander), gemahlen**

Geben Sie alle Zutaten in ein kleines Einmachglas. Setzen Sie den Deckel darauf und schütteln Sie die Mischung ein paar Mal gut durch. Bis zur Verwendung im Küchenschrank aufbewahren.

**Serviertipp**: Mit dieser Gewürzmischung können Sie gebackene Gerichte wie Lasagne oder Pizza, aber auch Salate, Suppen, Popcorn oder Ihren Toast mit einer Extra-Portion Kakao aufpeppen!

**Ergibt: etwa 8 Portionen**

# KAPITEL 3

# Herzgesunder Kakao: Kleine Bohne mit großer Wirkung

Man muss nicht Medizin studiert haben, um zu wissen, welch herausragende Rolle das Herz für unsere Gesundheit spielt. Das Herz ist ein etwa faustgroßer Muskel, der Blut durch unsere Arterien pumpt und so Sauerstoff und Nährstoffe in die Zellen transportiert. Das Wort „Herz" stammt aus dem Althochdeutschen und teilt seine indoeuropäische Wurzel *kerd* mit dem griechischen *kardia*, von dem die meisten medizinischen Fachausdrücke für dieses Organ abstammen. Das Herz bildet zusammen mit den Gefäßen – Arterien, Venen, Arteriolen und Kapillaren – eine funktionale Einheit, die man auch als „kardiovaskuläres" oder „Herz-Kreislauf-System" bezeichnet. Dieses sorgt dafür, dass das Blut in jedes Organ und Gewebe unseres Körpers gelangt.

Die häufigste Todesursache weltweit sind Erkrankungen des Herz-Kreislauf-Systems. Allein in den Vereinigten Staaten leiden mehr als 80 Millionen Menschen unter kardiovaskulären Krankheiten. Die Erkrankungen dieses Formenkreises fordern Jahr für Jahr mehr Todesopfer als die vier nächsthäufigen Todesursachen zusammen! Über die Entstehung von Herz-Kreislauf-Erkrankungen und die einschlägigen Risikofaktoren, von denen viele mit unserer Ernährung und unserem Lebensstil zu tun haben, sind wir mittlerweile schon gut informiert.

Auf einige dieser Risikofaktoren wie Alter, männliches Geschlecht oder Vererbung, haben wir keinen Einfluss. Andere hingegen können wir durchaus beeinflussen:

- Rauchen Sie nicht.
- Treiben Sie regelmäßig Sport.
- Halten Sie Ihren Cholesterinspiegel niedrig.
- Bekommen Sie Ihre Diabeteserkrankung in den Griff, falls Sie davon betroffen sind.
- Halten Sie Ihr Gewicht in einem der Gesundheit zuträglichen Rahmen.

Ernährung und Lebensstil sind der Schlüssel zu guter Gesundheit und zur Verminderung von Risikofaktoren. Pflanzliche Nahrung, die wie Kakao reich an sekundären Pflanzenstoffen ist, ist dabei eine unserer stärksten Waffen.

Durch ihren Polyphenol- und Ballaststoffgehalt sowie ihre wertvollen gesättigten Fettsäuren können Kakao und Schokolade durchaus Teil einer herzgesunden Ernährung sein. Darüber hinaus gibt es mittlerweile vielversprechende wissenschaftliche Untersuchungen zu anderen chronischen Erkrankungen wie Fettsucht, Bluthochdruck und Typ-2-Diabetes.

## Wie Kakao unseren Cholesterinspiegel in Schach hält

Ein hoher Gesamtcholesterinwert, hohe LDL-Werte („schlechtes“ Cholesterin) und niedrige HDL-Werte („gutes“ Cholesterin) stehen ganz oben auf der Liste der ernährungsbedingten Risikofaktoren für Herz-Kreislauf-Erkrankungen. Wir können unser Blut analysieren lassen und anhand dieser Werte feststellen, ob wir Risikofaktoren für spätere Erkrankungen haben. Und wenn sie zu hoch sind, finden wir auch Mittel und Wege, unser Risiko zu senken. Das amerikanische *National Health Institute* hat dazu folgende Empfehlungen veröffentlicht:

| **EMPFOHLENE CHOLESTERINWERTE** | | |
| --- | --- | --- |
| **LDL-Cholesterin** | **Gesamtcholesterin** | **HDL-Cholesterin** |
| < 100 optimal | < 200 wünschenswert | < 40 niedrig |
| 100–129 fast optimal | 200–239 grenzwertig hoch | ≥ 60 hoch |
| 130–159 grenzwertig hoch | ≥ 240 hoch | |
| 160–189 hoch | | |
| ≥ 190 sehr hoch | | |

Die gute Nachricht ist: Alle drei Werte lassen sich durch die Ernährung beeinflussen. Vor allem das ernährungsphysiologische Profil des Kakaos und seine vielen gesunden Inhaltsstoffe wirken sich positiv auf sie aus.

## Wie man LDL-Cholesterin senkt und HDL-Cholesterin erhöht

Kakao enthält sehr viele *Polyphenole*, die zur Gruppe der sekundären Pflanzenstoffe gehören. Vor allem enthält er viele Flavonoide wie Catechin, Epicatechin und Anthocyane wie Procyanidin. Wie sich diese Stoffe auswirken, testet man in Versuchen, indem man den Kontrollgruppen jeweils polyphenolfreien Kakao zu trinken gibt.

In einer 2007 veröffentlichten Doppelblind-Studie wurden verschiedene Kakaogetränke verabreicht: Eine Gruppe bekam polyphenolfreien Kakao, eine andere solche Kakaosorten, die zwar alle natürlichen Inhaltsstoffe, jedoch in unterschiedlicher Konzentration enthielten. Die Resultate waren erstaunlich. In jeder Gruppe, die Polyphenole bekam, sanken die LDL-Werte schon nach vier Wochen merklich. Besonders stark war dieser Effekt bei den Probanden, die zu Beginn der Studie hohe LDL-Werte aufwiesen. Bei ihnen sank nicht nur der LDL-Wert, sondern zugleich stieg der HDL-Wert an!

Es gibt viele Erklärungen für diesen Effekt des Kakaos: Wenn sich Cholesterin und Triglyzeride an den Arterienwänden anlagern und diese verdicken, spricht man von „Atherosklerose". Dieser Prozess wird durch minimale Verletzungen, wie sie z. B. durch chronische Entzündungsreaktionen entstehen, begünstigt. Die Fettbestandteile, die sich anlagern, nennt man „Plaques". Atherosklerose wird durch LDL-Cholesterin beschleunigt, daher ist der LDL-Wert ein derart wichtiger Marker für unsere Herzgesundheit. Wenn wir das LDL messen, erfahren wir also, wie viel Plaques sich in den wichtigsten Arterien ansammeln. HDL hingegen trägt zum Abbau der Plaques bei. Aus diesem Grund brauchen wir einen höheren HDL-Spiegel.

Die Flavonoide im Kakao haben antioxidative Eigenschaften. Sie schützen die Zellwände vor Entzündungen und oxidativen Schäden. Das erklärt, weshalb Flavonoide Herz-Kreislauf-Erkrankungen vorbeugen. Durch das Zusammenwirken der Flavonoide im Kakao mit anderen Antioxidantien wie Vitamin C und Selen wird dieser Effekt noch verstärkt.

## Kakao steckt voller herzgesunder Ballaststoffe

Ballaststoffe sind die unverdaulichen Bestandteile pflanzlicher Nahrung. Sie enthalten keine Kalorien, auch wenn sie auf der Zutatenliste von Lebensmittelverpackungen unter den Kohlehydraten aufgelistet werden. Es gibt zwei Arten von Ballaststoffen: Wasserlösliche Ballaststoffe, welche die Passage der Nahrung durch den Verdauungstrakt verlangsamen. Dass lösliche Ballaststoffe das Gesamtcholesterin ebenso senken wie das LDL, ist wissenschaftlich erwiesen. Unlösliche Ballaststoffe hingegen binden kein Wasser und haben eine stopfende Wirkung. Die Deutsche Gesellschaft für Ernährung empfiehlt eine tägliche Ballaststoffaufnahme von 30 Gramm. Der Durchschnittsbürger aber verzehrt höchstens die Hälfte davon.

Die Schale der Kakaobohne ist reich an Ballaststoffen, weshalb Rohkakao sehr viel mehr von diesen wichtigen Cholesterinsenkern enthält. In ganzen Kakaobohnen und auch in Rohkakaopulver finden sich noch viele Schalenbestandteile, nach der

### ACHTUNG: TRANSFETTE!

Transfette reagieren chemisch so, als seien sie gesättigte Fette. Dies wird erreicht, indem man Wasserstoff in Öle pumpt, um sie länger haltbar zu machen. Transfette haben einen ausgesprochen negativen Einfluss auf den Cholesterinspiegel. Man findet sie vor allem in Margarine und folglich auch in vielen Fertigbackwaren.

In natürlicher pflanzlicher Nahrung kommen Transfette nicht vor. Kakao enthält keinerlei Transfette. Das heißt aber nicht, dass auch alle Schokoladenprodukte frei von Transfetten sind. Tatsächlich gehören Backwaren wie Kekse und Chips zu den größten Transfettlieferanten. Lesen Sie auf jeden Fall die Zutatenliste auf der Verpackung: Wenn darauf irgendwo „gehärtete Fette“ oder „teilgehärtete Fette“ steht, können Sie davon ausgehen, dass dieses Produkt Transfette enthält. Halten Sie sich also am besten an vollwertige Nahrung und dunkle Schokolade.

Weiterverarbeitung jedoch deutlich weniger. Die Kakaoformen, die für Schokolade verwendet werden, enthalten weniger Ballaststoffe, sind aber immer noch eine gute Wahl.

Etwa 30 Gramm Bitterschokolade enthalten 4 Gramm Ballaststoffe, also bereits etwa ein Drittel dessen, was ein Durchschnittsbürger heute täglich an Ballaststoffen zu sich nimmt. Selbst handelsübliche Trinkschokolade enthält noch 1,5 Gramm Ballaststoffe pro Portion. Und Rohkakaopulver bringt es gar auf 7,5 Gramm pro Portion. Der Großteil dieser Ballaststoffe ist zwar unlöslich, trägt aber trotzdem zu dem für unsere Gesundheit wichtigen Ballaststoffanteil von 30 Gramm pro Tag bei.

## Die einzigartigen gesättigten Fettsäuren im Kakao

Der Verzehr von gesättigten Fettsäuren wird mit dem Ansteigen des Cholesterinspiegels und einem erhöhten Risiko für die Entwicklung von Herz-Kreislauf-Erkrankungen in Verbindung gebracht. Dementsprechend schlecht ist ihr Ruf. Gesättigte Fette finden sich vorzugsweise in tierischen Produkten. Aus diesem Grund empfehlen Ärzte ihren Patienten stets, weniger Fleisch, Eier und vollfette Milchprodukte zu verzehren. Gesättigte Fette in der Ernährung lassen den Cholesterinspiegel sogar noch schneller ansteigen als der Verzehr von cholesterinhaltigen Nahrungsmitteln.

Doch wie immer gibt es auch hier Ausnahmen. Eine davon betrifft den Kakao. Die Kakaobohne enthält zwar viele gesättigte Fettsäuren, doch ein Drittel dieser Fette stammt von einer ganz bestimmten Fettsäure: der Stearinsäure. Und genau diese ist die Ausnahme von der Regel! Isolierte Stearinsäure zeigt keinerlei Auswirkung auf den Cholesterinspiegel. Was bedeutet das nun für Kakao und Schokolade? Bedauerlicherweise wird auf den Verpackungen nicht zwischen den unterschiedlichen Fettsäuren unterschieden. Die meisten Menschen sehen den hohen Gehalt an gesättigten Fettsäuren auf der Zutatenliste und stufen Kakao automatisch als ungesund ein. Glücklicherweise stimmt das nicht! Wenn Sie eine Information aus diesem Kapitel im Gedächtnis behalten sollten, dann diese: Die gesättigten Fettsäuren in der Schokolade und im Kakao lassen den Cholesterinspiegel nicht ansteigen, weil es sich dabei hauptsächlich um Stearinsäure handelt.

### GESÄTTIGTE FETTSÄUREN UND IHRE GESUNDHEIT

Einige neuere wissenschaftliche Untersuchungen beschäftigen sich mit der Rolle gesättigter Fettsäuren bei der Entwicklung von Herzerkrankungen. Man kann nicht davon ausgehen, dass sie die zahllosen Studien widerlegen, aus denen hervorgeht, dass gesättigte Fette das Gesamtcholesterin und den LDL-Spiegel ansteigen lassen und damit das Risiko für Herzerkrankungen erhöhen. Entscheidend ist, was Sie statt dieser gesättigten Fette essen. Tauschen Sie sie gegen stark raffinierte und verarbeitete Kohlenhydrate aus, so reduziert dies Ihr Erkrankungsrisiko nicht. Ersetzen Sie die gesättigten Fette jedoch durch ein- oder mehrfach ungesättigte Fette (wie sie in pflanzlicher Nahrung enthalten sind), dann wird Ihr Risiko entsprechend gesenkt.

## Sekundäre Pflanzenstoffe wirken vorbeugend

Wie wir bereits im letzten Kapitel festgestellt haben, sind sekundäre Pflanzenstoffe ein Schlüsselfaktor in der Vorbeugung von Krankheiten. Der hohe Gehalt des Kakaos an diesen Stoffen macht ihn zu einem beliebten Forschungsobjekt. Und hören wir nicht alle gern Gutes über ein Nahrungsmittel, das wir lieben? Sekundäre Pflanzenstoffe verbessern die Funktion unseres kardiovaskulären Systems und senken unser Risiko für Herzkrankheiten. Dazu ein Beispiel: Das Endothel ist die innerste Schicht der Zellen, die unsere Blutgefäße bilden. Es spielt eine wichtige Rolle als Barriere zwischen dem Blutstrom und dem umgebenden Gewebe. Wenn das Endothel geschädigt ist, kommt es zu chronischen Störungen wie der Atherosklerose. Ob das Endothel gut arbeitet, erkennen wir am FMD-Wert der Arterien, der uns anzeigt, wie gut sich die Arterienwand bei Blutdurchfluss weiten kann. In einer Studie wurde nun die Auswirkung von flavonoidhaltiger Nahrung auf den FMD-Wert untersucht. Dabei haben Wissenschaftler festgestellt, dass Kakao diesen Wert sowohl kurz- wie auch langfristig am stärksten verbesserte. Obwohl der FMD-Wert als Anzeiger für eine Dysfunktion des Endothels mittlerweile infrage gestellt wird, sind die Ergebnisse dieser Studie doch interessant. Denn sie zeigt, dass Flavonoide, speziell das Flavanol, einen anti-entzündlichen Effekt haben und Plaqueablagerungen an den Gefäßwänden reduzieren. Außerdem scheinen sie die Freisetzung von Stickstoffmonoxiden im Körper zu fördern, die auf die Elastizität der Blutgefäße eine positive Auswirkung haben.

## Praktische Tipps

- Wenn Sie mehr Ballaststoffe zu sich nehmen wollen, essen Sie ganze Kakaobohnen, Kakaonibs, Rohkakao oder dunkle Schokolade.
- Sojabohnen und Sojabohnenprodukte wie Tofu bzw. Tempeh können ebenfalls den Cholesterinspiegel senken und Ihr Herz schützen. In diesem Kapitel finden Sie Rezepte, die Kakao und Soja zu einer ebenso gesunden wie leckeren Mahlzeit machen!
- Auch mit mehr Obst und Gemüse können Sie Ihr Risiko der Entwicklung kardiovaskulärer Erkrankungen senken. Und ob Sie es glauben oder nicht: Kakao passt sehr gut zu Gemüse wie Auberginen und Tomaten oder auch zu Pilzen!

# Kakao für ein gesundes Herz

Reichhaltiger Borschtsch mit feiner Kakaonote **73**

Superleckere Gemüsetartes mit Schokolade **74**

Herzhaft süße Zatar-Pestobällchen **77**

Tofu für Kakaofreaks **78**

Schoko-Weinsauce **80**

Kakao-Coleslaw **81**

Delikate Schoko-Spinat-Lasagne **82**

Relleno Poblano **84**

Marinara-Pastasauce mit Schokolade und gegrilltem Kürbis **86**

Mince Pie mit Kakao-Wein-Sauce **87**

# Reichhaltiger Borschtsch mit feiner Kakaonote

Rote Bete und Schokolade passen wunderbar zusammen, weil sie beide einen intensiven, erdigen Geschmack haben. Rote Bete stecken voller Betalaine, zu denen auch die Antioxidantien Betanin und Vulgaxanthin gehören. Sie verleihen den Roten Beten ihre karmesinrote Farbe, für die der Borschtsch bekannt ist.

**8 Tassen (1,9 l) Gemüse-, Pilz- oder Kartoffelbrühe (wahlweise 1,9 l Wasser mit 1–2 Würfeln Gemüsebrühe in Bio-Qualität)**

**1–1½ TL Salz**

**2 Tassen (220 g) Kartoffeln, in Würfel geschnitten**

**5 Tassen (1,1 kg) Rote Bete, in Würfel geschnitten**

**½ Tasse (80 g) rote Zwiebeln, fein gehackt**

**½ Tasse (65 g) Karotten, in Würfel geschnitten**

**2 Knoblauchzehen, fein gehackt**

**1 TL frischer Dill, fein gehackt**

**½ TL Paprikapulver**

**½ TL Kümmel oder Kreuzkümmel, zerdrückt**

**⅓ Tasse (35 g) Kakaopulver in Rohkostqualität**

**2–3 EL (30–45 ml) Zitronensaft**

**fein gehackte Frühlingszwiebeln zum Garnieren**

Alle Zutaten bis auf das Kakaopulver, den Zitronensaft und die Frühlingszwiebeln in einen großen Topf geben und zum Kochen bringen. Die Hitze reduzieren und 20 Minuten köcheln lassen. Dann das Kakaopulver einrühren und weitere 20 Minuten köcheln lassen. Hin und wieder umrühren.

Den Zitronensaft dazugeben und vom Herd nehmen. Mit den Frühlingszwiebeln und beliebigen Beilagen servieren.

**Variationen**: Zu den Suppenzutaten noch 1 Tasse (90 Gramm) fein gehackten Kohl geben, 1 klein geschnittene Chilischote, 1 Tasse (70 Gramm) in Scheiben geschnittene Champignons oder 1 Tasse (170 Gramm) Tempehwürfel. In große Schalen füllen und die Suppe vor dem Servieren mit geriebener Schokolade bestreuen.

**Ergibt: 8 Portionen**

# Superleckere Gemüsetartes mit Schokolade

Gemüse und Schokolade machen diese Tartes zu einem Genuss! Das Basilikum sorgt für einen weiteren gesunden Kick. Wie der Kakao enthält es viele Flavonoide, die unsere Zellen vor freien Radikalen schützen. In 30 Gramm Basilikum steckt bereits das Eineinhalbfache unseres Tagesbedarfs an Vitamin K, dazu noch viel Vitamin A, Eisen und Kalzium.

**1 Tasse (70 g) Champignons, in Scheiben geschnitten**
**½ Tasse (80 g) Zwiebeln, in feine Ringe geschnitten**
**2 Knoblauchzehen, fein gehackt**
**1 TL Tamari**
**¼ Tasse (12 g) frischer Schnittlauch, gehackt**
**1 Rezept Teig für Kakao-Pie (Seite 172) mit der halben Menge Zucker und zusätzlich ½ TL Knoblauchpulver**
**2 Tassen (600 g) Artischockenherzen, in Scheiben geschnitten**
**½ TL Salz**
**Saft von 1 Zitrone (wahlweise)**
**12 Basilikumblätter**
**1 Tasse (180 g) dickere Tomatenscheiben, ohne Wasser und Kerne**
**85–115 g Zartbitter- oder ungesüßte Bitterschokolade in Bio-Qualität, gehackt oder grob geraspelt**
**1 EL (15 ml) Olivenöl**

Den Backofen auf 220 °C vorheizen. Eine Form für 12 Muffins einölen. Pilze, Zwiebeln, Knoblauch, Tamari und Schnittlauch in einer Schüssel vermengen und beiseitestellen.

Den Teig in 12 kleine Kugeln aufteilen. Zu dünnen Scheiben (etwa 3 bis 6 Millimeter dick) ausrollen. Die Vertiefungen der Form damit auskleiden. Dann die Artischocken auf 12 Portionen aufteilen. Mini-Tartes mit Artischocken füllen, dann löffelweise die Pilzmischung darübergeben. Nach Belieben mit etwas Zitronensaft beträufeln und salzen. Ein Basilikumblatt darauflegen, darauf eine Tomatenscheibe geben. Zum Schluss die Schokoladenraspel darüberstreuen und mit Olivenöl beträufeln.

Die Mini-Tartes 12 Minuten backen, dann die Temperatur auf 190 °C reduzieren und weitere 15 Minuten backen.

**Ergibt: 12 Portionen**

# Herzhaft süße Zatar-Pestobällchen

Bei diesem Snack können Sie mit Geschmacksrichtungen von süß bis herzhaft experimentieren. Nüsse, Samen und Kräuter sind eine gute Wahl, um bestimmte Geschmacksakzente zu betonen. Zatar ist eine aromatische Gewürzmischung, die gewöhnlich aus Oregano, Sesamsamen und Sumach besteht. Manchmal wird sie auch mit Knoblauch, Olivenöl (wenn Zatar als Paste verwendet wird), Salz, Chiliflocken und anderen Kräutern vermengt.

**½ Tasse (50 g) gemahlene Mandeln**
**½ Tasse (55 g) geröstete Pekannüsse, gemahlen**
**2 EL geröstete Sesamsamen, gemahlen**
**⅓ Tasse (45 g) Bitterschokolade in Bio-Qualität, geraspelt**
**2–3 EL (30–45 ml) Olivenöl**
**1 EL (15 ml) Zitronensaft**
**⅓ Tasse (60 g) entsteinte Datteln, klein geschnitten**
**¼ Tasse (15 g) frische Petersilie, gehackt**
**2 EL (6 g) frischer Schnittlauch, gehackt**
**2 Knoblauchzehen, fein gehackt**
**¼ TL Salz**
**¼ Tasse (30 g) Zatar-Gewürzmischung mit 1 EL (5 g) Kakaopulver in Bio-Qualität und 1 Prise Salz gemischt**

Alle Zutaten bis auf die Zatar-Kakao-Mischung in einer Schüssel vermengen. Falls nötig, mehr Flüssigkeit dazugeben. Aus der Masse 16 bis 20 Kugeln formen. Diese in der Kakao-ZatarMischung rollen und kühl stellen (mindestens 1/2 Stunde).

**Anmerkungen:** Sie können statt der geraspelten Schokolade auch Kakaopulver verwenden. Dann brauchen Sie etwa 2 Esslöffel mehr Dattelstücke. Wenn Ihr Zatar keinen Sumach enthält, geben Sie 1 Esslöffel davon zu der Gewürzmischung. Wenn Ihr Zatar bereits Salz enthält, die Prise Salz (siehe Zutatenliste) weglassen.

**Ergibt: 5 Portionen**

# Tofu für Kakaofreaks

Sojabohnen schenken uns Isoflavone, jenen sekundären Pflanzenstoff, der den Cholesterinspiegel und das Krebsrisiko senken kann. Mit Kakao kombiniert, wird daraus pflanzliches Powerfood vom Feinsten!

*Für die Sauce:*

**2 EL Currypulver**

**1 TL Chilipulver**

**jeweils ½ TL schwarzer Pfeffer, gemahlener Zimt und Piment**

**2 EL (30 ml) Chilisauce**

**⅓ Tasse (35 g) Kakaopulver (in Rohkostqualität)**

**¼ Tasse (60 ml) Tamari**

**⅓ Tasse (80 ml) Gemüsebrühe**

**2–3 Knoblauchzehen, zerdrückt**

**1 EL (15 ml) Agavendicksaft**

**2 EL (30 ml) Olivenöl**

**1 EL (15 ml) Zitronensaft oder Balsamico**

**wahlweise 2 EL (30 ml) Hoisin-Sauce oder 40 ml chinesische Pflaumensauce bzw. 30 ml Tamarinden-Sauce**

**je ½ TL Salz und gemahlener Oregano**

*Für den Tofu:*

**450 g fester Tofu**

**1 Zwiebel, in Ringe geschnitten**

**1 rote und 1 grüne Paprikaschote, in Ringe geschnitten**

*Sauce*: Alle Zutaten in einen Mixer geben und glatt rühren. Beiseitestellen.

*Tofu*: Den Tofu in 4 Stücke schneiden, diese wiederum in 4 Streifen teilen. Mit dem Gemüse und der Sauce in einer Kasserolle oder einer flachen Schüssel vermischen und 1 Stunde ziehen lassen.

Dann den Backofen auf 200 °C vorheizen. Den Tofu 30 Minuten backen. Dabei einmal wenden. Wenn Sie gern mehr Sauce hätten, geben Sie einfach etwas mehr Flüssigkeit dazu. Dann den Grill zuschalten und noch 5 bis 7 Minuten grillen lassen.

**Serviertipp**: Dieses Gericht schmeckt fantastisch mit einer Mischung aus Reis und würzigen schwarzen Bohnen. Auch frittierte Kochbananen passen wunderbar dazu! Garnieren Sie den gebackenen Tofu mit geraspelter Schokolade und Frühlingszwiebeln.

**Ergibt: 4 Portionen**

# Schoko-Weinsauce

Wein und Schokolade sind ein echtes Traumpaar! Beide hatten in der Vergangenheit einen schlechten Ruf, doch mittlerweile hat sich dies aufgrund ihrer antikarzinogenen Eigenschaften glücklicherweise geändert.

**1–2 EL (15–30 ml) Olivenöl**
**¼ Tasse (40 g) Zwiebeln, fein gehackt**
**2 Knoblauchzehen, fein gehackt**
**2 EL (16 g) Weizenmehl Type 550**
**1 Tasse (240 ml) Pilzbrühe**
**1 Tasse (240 ml) Rotwein (am besten Cabernet oder Pinot Noir)**
**⅓ Tasse (30 g) Kakaopulver in Bio-Qualität**
**2 EL (30 ml) Tamari**
**¼ TL schwarzer Pfeffer**
**¼ TL Salz**
**1 TL frischer Salbei, fein gehackt**
**½ TL geräuchertes Paprikapulver (Pimentón de la Vera)**
**¼ Tasse (25 g) fein gehackte Frühlingszwiebeln oder 12 g Schnittlauch**

*Wahlweise:*

**2–3 EL (12–18 g) fein gehackte frische Minze, ¼ Tasse (80 g) Johannisbeergelee, ½ Tasse (35 g) Champignons in Scheiben, ¼ TL gemahlene Gewürznelken**

Das Öl in einer mittelgroßen Kasserolle auf mittlerer Flamme erhitzen. Zwiebeln und Knoblauch dazugeben und 2 Minuten anbraten.

In einer kleinen Schlüssel das Mehl in die Brühe einrühren. Damit die Zwiebeln aufgießen und 5 Minuten köcheln lassen. Dann die restlichen Zutaten bis auf Frühlingszwiebeln bzw. Schnittlauch dazugeben und weitere 10 bis 15 Minuten köcheln lassen, bis die Sauce dicker wird. Gelegentlich umrühren. Mit fein gehackten Frühlingszwiebeln anrichten.

**Serviertipp**: Reichen Sie diese Sauce zu Mince Pie, zu gegrillten Champignons oder gebratenem Gemüse. Sie eignet sich für alle Gerichte, die nach einer üppigen Sauce verlangen.

**Ergibt: 8 Portionen**

# Kakao-Coleslaw

Coleslaw ist ein Krautsalat, der auf unterschiedlichste Weise zubereitet werden kann. Rotkohl enthält zahlreiche Polyphenole, vor allem die antientzündlich wirkenden Anthocyane. Außerdem Glucosinolate, die sehr wahrscheinlich Krebs vorbeugen können und deshalb eingehend untersucht werden.

**1 EL (15 g) Dijon-Senf**
**1½ EL (25 ml) Apfelessig in Bio-Qualität**
**1 EL (15 ml) Olivenöl**
**2 EL Tahin (Sesammus)**
**¼ Tasse (20 g) Kakaopulver in Bio-Qualität**
**½ TL Salz**
**¼ TL schwarzer Pfeffer**
**½ TL Koriandersamen, zerdrückt**
**1 Tasse (70 g) Rotkohl, fein geschnitten**
**1 Tasse (70 g) Weißkohl, fein geschnitten**
**¼ Tasse (40 g) Zwiebeln, fein geschnitten oder geraspelt**
**¼ Tasse (30 g) Karotten, geraspelt**
**2 EL (20 g) roter Paprika, klein geschnitten**
**2 EL (8 g) frischer Dill, fein gehackt**

Senf, Essig, Öl, Tahin, Kakaopulver, Salz und Pfeffer in einer kleinen Schüssel verrühren. Koriander dazugeben und abschmecken. Die restlichen Zutaten in einer mittelgroßen Salatschüssel vermengen, mit dem Dressing übergießen und mindestens 1 Stunde lang bei Raumtemperatur oder im Kühlschrank durchziehen lassen. Vor dem Servieren erneut abschmecken.

**Ergibt: 6 Portionen**

# Delikate Schoko-Spinat-Lasagne

So etwas Leckeres hätte es bei Mama nicht gegeben! Der runde Geschmack des Kakaos kommt durch Tomaten, Balsamico und Spinat erst richtig zur Geltung. Grüne Blattgemüse, vor allem Spinat, sind eine gute Eisenquelle. Diesen Mineralstoff kann der Körper durch das in den Tomaten enthaltene Vitamin C besser aufnehmen. Und auch der Knoblauch ist mehr als nur ein Aromaspender. Es ist wissenschaftlich erwiesen, dass ihn seine schwefelhaltigen Substanzen so gesund machen, da sie antibakteriell und antiviral wirken.

**450 g Lasagneblätter, gekocht**

*Für die Spinatmischung:*

**340 g frischer Spinat, klein geschnitten**

**4 Knoblauchzehen, fein gehackt**

**½ Tasse (80 g) Zwiebeln, fein gehackt**

**2 EL (30 ml) Olivenöl**

**jeweils 1 Prise Salz und schwarzer Pfeffer**

*Für die Tofumischung:*

**450 fester Tofu, zerkrümelt**

**1 TL getrocknete italienische Kräuter wie Oregano, Thymian, Majoran**

**1 TL Salz**

**2 EL (30 ml) Olivenöl**

**1 TL (15 ml) Zitronensaft**

**1 TL (15 g) scharfer Senf**

Den Backofen auf 190 °C vorheizen.

*Spinatmischung*: Alle Zutaten in eine Pfanne geben und bei mittlerer Hitze 3 bis 4 Minuten anbraten. Vom Herd nehmen, die Flüssigkeit abgießen und den Spinat beiseitestellen.

*Restliche Lasagne-Zutaten:* Für die Tofumischung alle Zutaten in einer Schüssel verrühren. Auch für die Sauce alle Zutaten in einer Schüssel verrühren. In einer dritten Schüssel die trockenen Zutaten zum Bestreuen vermengen. Beiseitestellen.

Eine 23 x 23 Zentimeter große Lasagne-Form einölen. Den Boden mit der Tomatensauce bestreichen (etwa ½ Tasse bzw. 120 Gramm). Darauf die erste Lage Nudelblätter geben. Auf

**2 EL (10 g) Kakaopulver in Bio-Qualität**

**1 TL Knoblauchpulver**

*Für die Tomatensauce:*

**800 g stückige Tomatenpassata**

**2 EL (30 ml) Balsamico**

**½ Tasse (50 g) Kakaopulver in Bio-Qualität**

**½ TL Salz**

**2 Knoblauchzehen, fein gehackt**

**½ Tasse (20 g) frisches Basilikum, fein gehackt**

*Zum Bestreuen:*

**2 EL (10 g) Kakaopulver in Bio-Qualität**

**2 EL (12 g) Würzhefeflocken oder veganer Parmesan**

**¼ TL Salz**

**1 TL Knoblauchpulver**

**½ TL getrockneter Oregano**

diese die Tofumischung streichen, dann wieder eine Lage Nudelblätter. Darauf geben Sie die Spinatmischung und streichen eine weitere ½ Tasse Tomatensauce darüber. Bedecken Sie diese mit einer Lage Nudeln. Darauf die restliche Tomatensauce und schließlich die Zutaten zum Bestreuen verteilen. Die Lasagne unbedeckt 40 Minuten lang backen. Vor dem Servieren 10 Minuten ruhen lassen.

**Tipp**: Wenn Sie Knoblauch verwenden, lassen Sie ihn nach dem Schneiden etwa 10 Minuten ruhen, bevor Sie ihn erhitzen. So bleiben seine wertvollen Bestandteile beim Erhitzen erhalten.

**Ergibt: 10 Portionen**

# Relleno Poblano

Chile Relleno (spanisch für „gefüllter Paprika") sollte jeder einmal ausprobieren. Nicht zuletzt, weil man mit Paprika so schön experimentieren und ihn mit allen möglichen Zutaten füllen kann. Mit einer guten Mole werden Sie das Gefühl haben, auf feurigen Wolken zu schweben. Wir haben bei diesem Rezept auf den Teigmantel und das Frittieren verzichtet, um den aromatischen Geschmack des Gemüses zu erhalten.

**8 frische Poblano-Schoten (Ancho-Chili)**
**Olivenöl zum Bestreichen**
**1 Tasse (70 g) gehackte Pilze oder 250 g extra fester Tofu, 230 g gekochte Süßkartoffeln oder eine Kombination daraus**
**1 EL (15 ml) Chipotle-Sauce**
**¼ Tasse (20 g) Kakaopulver in Bio-Qualität (alternativ roher Kakao oder Bitterschokolade)**
**½ Tasse (120 g) feine Tomatenpassata**
**2 Knoblauchzehen, fein gehackt**
**½ Tasse (80 g) Zwiebeln, in Würfel geschnitten**
**Salz und schwarzer Pfeffer zum Abschmecken**
**1 EL (4 g) frischer Oregano, fein gehackter**
**1 grüne oder rote Paprikaschote, klein geschnitten**
**½ TL gemahlener Kreuzkümmel**
**1 TL Chilipulver**

Den Backofen auf 200 °C vorheizen.

Die Paprikaschoten dünn mit Öl bestreichen und auf ein großes Backblech geben. Anschließend 30 Minuten backen, dabei einmal wenden. Beiseitestellen, bis sie so weit abgekühlt sind, dass man sie weiterverarbeiten kann. Dann die Schoten auf einer Seite der Länge nach aufschneiden. Die Samen entfernen, die Stiele jedoch dran lassen (weil es besser aussieht).

Alle Zutaten von den Pilzen bis hin zum Zitronensaft vermischen. Die gebackenen Paprikaschoten damit füllen. Anschließend in etwas Öl und in der Gewürz-Mehl-Mischung wenden. In eine gefettete Auflaufform setzen und 25 Minuten backen. Mit Enchilada-Sauce (Seite 113) oder Ein-Stunden-Mole (Seite 53) servieren.

**2 EL (30 ml) Zitronen- und Limettensaft**

**½ Tasse (70 g) Maisgrieß, vermischt mit Salz, 1 TL Knoblauchpulver und 1 TL Chilipulver (für die Panade)**

**2 Tassen (500 ml) Enchilada-Sauce (Seite 113) oder Ein-Stunden-Mole (Seite 53; nach Belieben mehr)**

**Variationen**: Erwärmen Sie die Sauce und gießen Sie diese über die Poblano-Schoten oder machen Sie daneben auf dem Teller einen Saucenspiegel. Sie können sie aber auch über die Schoten gießen und diese noch einmal 10 Minuten in den Backofen schieben. Ziehen Sie den gerösteten Schoten die Haut ab, bevor Sie sie füllen. Zu diesem Zweck stecken Sie sie in eine Papiertüte und legen sie in den Kühlschrank. So lässt sich die Haut leichter abziehen. Mit mexikanischem Tomatenreis oder Quinoa serviert macht das Gericht länger satt.

**Ergibt: 8 Portionen**

## Haben Sie das gewusst?

Poblano-Schoten sind mäßig scharfe, große Chilischoten, die manchmal mit Pasilla-Schoten verwechselt werden. Bei diesen handelt es sich jedoch um getrocknete Chilaca-Schoten, während getrocknete Poblanos „Ancho-Chili" genannt werden. Sowohl Poblanos als auch Pasillas sind weit verbreitet, sodass man sie leicht verwechseln kann. Im Gegensatz zu anderen Chilisorten sind die Schoten groß und dunkelgrün.

# Marinara-Pastasauce mit Schokolade und gegrilltem Kürbis

Das deftige und zugleich dezent-süße Aroma des Butternut-Kürbisses wird von Schokolade und Wein aufgefangen. Ein klassisches Trio! Kürbis enthält viele Betakarotine, eine Vorstufe von Vitamin A, mit hohem Gesundheitswert. Und der zum Würzen verwendete Oregano enthält ebenfalls zahlreiche Vitalstoffe wie die sekundären Pflanzenstoffe Thymol und Rosmarinsäure.

**3 Tassen (600 g) gegrillter Butternut-Kürbis (oder vergleichbare orangefarbene Sorten)**

**2 Tassen (480 g) stückige Tomatenpassata**

**¼ Tasse (60 ml) Rotwein**

**2 Knoblauchzehen**

**½ Tasse (80 g) Zwiebeln, fein gehackt**

**½ Tasse (55 g) Karotten, geraspelt**

**1 Tasse (240 ml) Gemüsebrühe (wenn nötig mehr)**

**2 EL (30 g) Tomatenmark**

**2 EL (8 g) frischer Oregano, fein gehackt**

**jeweils ½ TL gemahlener Kreuzkümmel, Koriander, Kurkuma, Piment und Paprikapulver**

**Salz und weißer Pfeffer zum Abschmecken**

**½ Tasse (65 g) geschmolzene Zartbitterschokolade in Bio-Qualität (oder je nach Geschmack ungesüßte Bitterschokolade, jeweils in Bio-Qualität)**

Alle Zutaten bis auf die Schokolade in einer großen Schüssel vermengen. In einen großen Topf geben, zum Köcheln bringen und 20 Minuten garen, dabei gelegentlich umrühren. Falls gewünscht oder nötig, mehr Flüssigkeit dazugeben.

Die Schokolade einrühren, nochmals abschmecken und weitere 10 Minuten köcheln lassen.

Diese Sauce schmeckt großartig zu allen Pasta-Varianten oder auch zu Gnocchi – vor allem, wenn Sie noch etwas ungesüßte Schokolade darüberreiben.

**Anmerkung**: Wenn Sie jemals Nudeln oder Gnocchi selbst machen sollten: Geben Sie doch einmal etwas Kakaopulver dazu. Dieses Experiment lohnt sich, denn die Nudeln schmecken damit einfach großartig!

**Ergibt: 8 Portionen**

# Mince Pie mit Kakao-Wein-Sauce

Hier geht die klassische britische Mince Pie neue Verbindungen mit ungewöhnlichen Aromen ein. Grünkohl, Nüsse und Kakao werfen sozusagen ihre Vitamine und Mineralstoffe in eine Schale.

**2 Knoblauchzehen, fein gehackt**
**½ Tasse (80 g) Zwiebeln, fein gehackt**
**2 EL (30 ml) Olivenöl**
**1 Tasse (145 g) gehackte Nüsse (Pekan- bzw. Haselnüsse oder Mandeln schmecken am besten!)**
**1 Tasse (150 g) roter und grüner Paprika, sehr fein geschnitten**
**1 Tasse (65 g) Grünkohl, fein geschnitten**
**1 Tasse (70 g) Champignons, klein geschnitten**
**1–2 EL (15–30 ml) Tamari**
**½ TL schwarzer Pfeffer**
**1 EL Mehl (8 g) oder 12 g Kartoffelstärke**
**½ EL frischer Oregano, fein gehackt**
**½ EL frischer Rosmarin, fein gehackt**
**¼ Tasse (15 g) frische Petersilie, fein gehackt**
**⅓ Tasse (30 g) Kakaopulver in Bio-Qualität**
**1 Rezept Teig für Kakao-Pie (Seite 172)**
**1 Rezept Schoko-Weinsauce (Seite 80)**

Heizen Sie den Backofen auf 220 °C vor.

Knoblauch und Zwiebeln in eine Pfanne geben und 2 bis 3 Minuten in Öl anbraten. Nüsse, Paprikastücke, Grünkohl, Pilze, Tamari, Pfeffer, Mehl sowie bis auf die Petersilie alle Kräuter dazugeben und 5 Minuten garen. Hitze reduzieren, Petersilie und Kakao einrühren und abschmecken. Beiseitestellen.

Den Teig beliebig dick ausrollen und 2 runde Scheiben in der Größe der Pie-Form ausschneiden. Eine Scheibe in eine gefettete Pie-Form von 23 Zentimetern Durchmesser legen.

Die Füllung löffelweise auf den Teig geben. Die andere Teigscheibe darauflegen und die Ränder gut zusammendrücken. Mit Öl bestreichen, auf der Oberseite mehrmals einstechen und 15 Minuten backen. Dann die Temperatur auf 190 °C reduzieren und weitere 20 bis 25 Minuten backen. Mit Schoko-Weinsauce (Seite 80) servieren.

**Ergibt: 8 Portionen**

# KAPITEL 4

# Kakao beugt chronischen Erkrankungen vor – von Fettsucht bis Typ-2-Diabetes

Im letzten Kapitel haben wir uns mit den herzgesunden Vorzügen des Kakaos beschäftigt. Dazu gibt es bereits zahlreiche wissenschaftliche Untersuchungen, die seine positive Wirkung belegen. Doch Kakao ist nicht nur gut fürs Herz – er beeinflusst darüber hinaus auch den Blutdruck positiv, erhöht die Insulinsensitivität und senkt damit das Risiko für die Entwicklung eines Typ-2-Diabetes. Langzeitstudien an zahlreichen Probanden und Laborstudien haben dies durch positive Resultate bestätigt.

## Hoher Blutdruck, die Kuna und der Kakao

Hoher Blutdruck wird oft als „lautloser Killer“ bezeichnet, weil der Großteil der Betroffenen ihn gar nicht bemerkt. Bei hohem Blutdruck müssen Herz und Blutgefäße vermehrt arbeiten und werden dadurch geschädigt. Andererseits können wir hohen Blutdruck wie auch einen erhöhten Cholesterinspiegel durch unsere Ernährung und unseren Lebensstil positiv beeinflussen. Jede Form von Gefäßkrankheit ist grundsätzlich gefährlich, andererseits haben Sie es selbst in der Hand, was Sie essen, und können Ihr Risiko so verringern. Mehr Kakao in die eigene Ernährung einzubauen ist ein Schritt in die richtige Richtung.

Wie Kakao und Blutdruck zusammenhängen, wurde in vollem Ausmaß deutlich, als Norman Hollenberg, Forscher an der *Harvard Medical School*, 1997 eine umfassende Studie über die Lebensgewohnheiten der Kuna-Indianer in Panama veröffentlichte. Die über sechzigjährigen Kuna-Indianer hatten keinen höheren Blutdruck als die zwanzig- bis dreißigjährigen. Dieser Studie folgten zahllose Untersuchungen und Artikel, die sich mit den Auswirkungen von Kakao auf die menschliche Gesundheit, vor allem auf den Blutdruck, beschäftigten.

Eine im *Journal of Cardiovascular Pharmacology* veröffentlichte Studie überprüfte die Hypothese, dass der geringere Salzverzehr der Kuna dafür verantwortlich sei. Das Resultat war eindeutig: Dies war keineswegs der entscheidende Faktor. Die Autoren sahen vielmehr ihren erhöhten Kakaokonsum als Ursache für den extrem niedrigen Prozentsatz an Bluthochdruck-Erkrankungen in der Bevölkerung an.

### Warum Kakao den Blutdruck senkt

Kakao und seine Flavanole üben eine positive Wirkung auf das Endothel, die innerste Schicht der Blutgefäße, aus. Bei vielen Menschen ist das Endothel jedoch in seiner normalen Funktion gestört, weil es aufgrund von oxidativem Stress weniger Stickstoffmonoxid produziert. Das liegt teils an den omnipräsenten Umweltgiften, teils am Rauchen, am Bewegungsmangel sowie an unserer vitalstoffarmen Ernährung. Wenn das Endothel richtig arbeitet, bleiben die Blutgefäße elastisch und können sich problemlos weiten. Viele Blutdruckmedikamente haben genau diesen Wirkmechanismus.

Doch die Funktion des Endothels lässt sich auch mit Kakao und dunkler Schokolade beeinflussen. Eine Meta-Studie wertete 2012 zwanzig klinische Versuche an insgesamt 856 Versuchsteilnehmern aus, die den Einfluss von Kakao auf erhöhten Blutdruck untersuchten. Kurzfristig stellte man eine statistisch relevante Abnahme des Blutdrucks um 2 bis 3 Punkte (auf der mmHg-Werteskala) fest. Die Autoren kamen zu dem Schluss, dass dafür sein Gehalt an Flavanol verantwortlich war. In diesen Studien wurde die Auswirkung des Verzehrs unterschiedlicher Mengen Kakao über einen kurzen Zeitraum untersucht. Die Ergebnisse belegten, dass das Superfood Kakao bei gesunden Erwachsenen und auch bei Menschen, die bereits an Hypertonie leiden, den Blutdruck senken kann.

## Typ-2-Diabetes, Insulinresistenz und die Antioxidantien des Kakaos

Ein weiteres interessantes Forschungsgebiet sind die Auswirkungen von Kakao auf Typ-2-Diabetes. Jeder Form von Diabetes liegt eine Insulinresistenz zugrunde: Der Blutzucker eines Menschen bleibt dauerhaft über dem Normalniveau. Typ-2-Diabetes, auch „Erwachsenen-Diabetes" genannt, ist die am weitesten verbreitete Form dieser Krankheit. In den Vereinigten Staaten steht er auf der Liste der häufigsten Todesursachen an siebter Stelle. Darüber hinaus stellt der Diabetes einen zusätzlichen Risikofaktor für die Entwicklung kardiovaskulärer Krankheiten dar, da die Gefäße durch diese Erkrankung massiv geschädigt werden. Doch mit pflanzlicher Ernährung lässt sich Typ-2-Diabetes günstig beeinflussen. Für die positive Wirkung des Kakaos bei Diabetes sind verschiedene Faktoren verantwortlich, darunter auch der, den wir bereits wegen seines blutdrucksenkenden Effekts kennengelernt haben: Ein zu hoher Blutzuckerspiegel – die sogenannte Hyperglykämie – schädigt ebenso das Endothel.

Die Flavanole im Kakao steigern die Stickstoffmonoxid-Produktion, was zur Folge hat, dass die Gefäße sich besser weiten und wieder zusammenziehen können (Vasodilatation und Vasokonstriktion). Wenn die Blutgefäße elastisch sind, ist das Endothel weniger anfällig für Schäden durch erhöhten Blutzucker. Außerdem verbessert das Epicatechin, das ebenfalls zu den Flavanolen gehört, die Insulin-

sensitivität und vermindert so die Insulinresistenz. Dementsprechend geringer fällt der oxidative Stress für Muskel- und Fettgewebezellen aus. Alle diese Faktoren zusammen sind für die negative Wirkung von Typ-2-Diabetes auf das Herz-Kreislauf-System verantwortlich.
Klinische Studien, die sich mit der Auswirkung von Kakao auf Diabetes beschäftigen, sind nicht ganz so zahlreich wie solche zum Thema „Kakao und erhöhter Blutdruck". Eine dieser Studien kommt allerdings zu dem folgenden, aussagekräftigen Schluss: Eine an Flavanolen reiche Ernährung sorgt für eine verbesserte Funktion der Gefäßwände, was sich positiv auf Diabetes auswirkt. Kakao hat also ein gewisses therapeutisches Potenzial, was kardiovaskuläre Krankheiten angeht. Bei den Kuna-Indianern kommt Typ-2-Diabetes selten vor.

## Das in Kakao enthaltene Magnesium reduziert das Risiko für Typ-2-Diabetes und erhöhten Blutdruck.

Kakao ist eine weithin unterschätzte Quelle für Magnesium. Dieser Mineralstoff ist an mehr als 300 enzymatischen Reaktionen beteiligt, z. B. an der Proteinsynthese (Zellreparatur), der Muskelentspannung und der Energiebereitstellung. Die deutsche Gesellschaft für Ernährung empfiehlt für erwachsene Männer und Frauen eine tägliche Magnesium-Zufuhr von 350 bzw. 300 mg. Es kommt in unserer modernen Welt nur selten zum Magnesiummangel, andererseits bleiben die meisten Menschen bei ihrer täglichen Aufnahme unter diesen Werten.

Zwei zukunftsweisende Studien an mehr als 170.000 im Gesundheitswesen Beschäftigten, die *Nurses' Health Study* (NHS) und die *Health Professionals Follow-Up Study* (HFS) konnten zeigen, dass das Risiko, einen Typ-2-Diabetes zu entwickeln, bei Menschen mit niedriger Magnesiumaufnahme höher ist. Auch bei der Regulierung des Blutdrucks spielt Magnesium eine wichtige Rolle. Eine Meta-Studie zieht den Schluss, dass die tägliche Aufnahme von Magnesium mit der Nahrung eine positive Auswirkung auf den Blutdruck hat, während die jeweilige Aufnahme als Nahrungsergänzungsmittel ohne Wirkung blieb. Daher ist es durchaus möglich, dass der hohe Magnesiumgehalt von Kakao ebenfalls zu seiner positiven Wirkung auf den Blutdruck beiträgt.

Daten aus der *Insulin Resistance Atherosclerosis Study* zeigen, dass die Magnesiumaufnahme eines Menschen eine positive Korrelation mit seiner Insulinsensitivität aufweist. Eine andere Studie weist darauf hin, dass Menschen mit ausreichend Magnesium im Körper weniger häufig ein metabolisches Syndrom entwickeln. Die bekannte Studie *European Investigation into Cancer and Nutrition* (EPIC) wiederum belegt, dass Magnesium (zusammen mit hohem Ballaststoffanteil) in der Nahrung das Diabetesrisiko senkt. Wie bereits erwähnt, gibt es auch Gründe für die Annahme, dass die Nährstoffe im Kakao auf eine bestimmte Weise mit den Flavanolen zusammenwirken, was eine bessere Schutzwirkung erzielt als die isolierte Einnahme dieser Stoffe. Dies ist ein Grund mehr, vollwertige Nahrungsmittel wie Kakao zu genießen: Sie erhalten die Nähr- und Vitalstoffe sozusagen gebündelt. Eine 100-Kalorien-Portion Bitterschokolade deckt gut 10 Prozent unseres täglichen Magnesiumbedarfs. Und Rohkakao liefert uns sogar noch mehr Magnesium: gut 25 Prozent der empfohlenen Tagesdosis.

## Kakao wirkt vorbeugend gegen das metabolische Syndrom

Das metabolische Syndrom wird manchmal auch als „Syndrom X" bezeichnet und meint eine Überlagerung von Risikofaktoren, anhand derer sich in der Summe das Risiko für die Entwicklung von Herz-Kreislauf-Krankheiten gut vorhersagen lässt. Diese Faktoren sind: abdominale Fettleibigkeit, hohe Cholesterinwerte, hoher Blutdruck und ein hoher Nüchternblutzucker. Wenn ein Mensch drei dieser Faktoren aufweist, spricht man vom „metabolischen Syndrom". Dies muss allerdings nicht zwangsläufig zum Herzinfarkt führen, wenn man die Grunderkrankungen mit gesunder Ernährung und einem entsprechenden Lebensstil günstig beeinflusst. Bei dieser vorbeugenden Behandlung kann der Kakao aufgrund seines Einflusses auf den Cholesterin- und Blutzuckerspiegel sowie auf den Blutdruck eine entscheidende Rolle spielen.

Die *American Heart Association* und das *National Heart, Lung and Blood Institute* haben Kriterien für das Vorliegen eines metabolischen Syndroms aufgestellt:

- erhöhter Taillenumfang: Männer mehr als 102 cm, Frauen mehr als 89 cm
- erhöhte Triglyzeride: mehr als 150 mg/dl
- niedriger HDL-Cholesterinwert: Männer weniger als 40 mg/dl, Frauen weniger als 50 mg/dl
- erhöhter Blutdruck: mehr als 130/85 mmHg
- erhöhter Nüchternblutzucker: mehr als 100 mg/dl

2012 erschien im BMJ (das frühere *British Medical Journal*) eine Studie, die die Auswirkungen von Schokoladenkonsum auf chronische Erkrankungen bei Menschen mit metabolischem Syndrom untersuchte. Auch in dieser Studie ging man davon aus, dass sich mit Bitterschokolade positive Effekte auf die Einzelfaktoren erzielen lassen, die das metabolische Syndrom ausmachen. Ihr Fazit wie folgt:

Die blutdruck- und cholesterinsenkende Wirkung von einfacher Bitterschokolade könnte ein effektiver und kostengünstiger Weg sein, um bei Menschen mit metabolischem Syndrom (aber ohne Diabetes) kardiovaskulären Erkrankungen vorzubeugen. Schokolade hat den Vorteil, dass die meisten Menschen sie schätzen und folglich auch eher bereit sind, sie über einen langen Zeitraum zu sich zu nehmen. Die bisherigen Untersuchungsergebnisse legen nahe, dass der beste Effekt mit dunkler Schokolade und einem Kakaoanteil von wenigstens 60 bis 70 Prozent erzielt wird, da sie einen hohen Anteil an Polyphenolen enthält.

## Fettleibigkeit, Kalorien, Kakao und die allgemeine mediale Verwirrung

Übergewichtig zu sein bedeutet einfach, mehr Körperfett zu haben. Von Fettleibigkeit (Adipositas oder Obesitas) spricht man, wenn das überschüssige Körperfett krankhafte Auswirkungen hat. Übergewicht und Fettleibigkeit machen in den USA den größten Teil der vermeidbaren Todesursachen aus, weil sie so viele Folgeerkrankungen nach sich ziehen.

Nicht benötigte Kalorien werden im Körper als Fett gespeichert. Das überschüssige Körperfett verändert die Funktionsweise unserer Organe und kann unsere Gesundheit negativ beeinflussen. So weit, so klar! Bei genauerer Prüfung allerdings entdeckt man, dass Übergewicht von vielen Faktoren abhängt. Denn Kalorien sind nicht gleich Kalorien. Kakao wird ja häufig kritisiert, weil er angeblich zu viele Kalorien enthalten soll. Doch wissenschaftliche Untersuchungen haben gezeigt, dass solche Schlüsse zu einfach sind und daher nicht zutreffen.

Übergewichtige hören immer wieder, sie müssten nur weniger essen, dann wären sie auch schlanker. Diese Aussage unterschätzt die psychischen, sozialen und umweltbedingten Aspekte unseres Verhältnisses zum Essen. Wenn es so einfach

## KAKAO – FÜR DAS WOHLIGE BAUCHGEFÜHL

Ich hatte einmal eine Klientin, die ihre liebe Mühe mit dem Abnehmen hatte. Sie hatte einen ausgesprochen anstrengenden Job und nur wenig Zeit, sich gesunde Mahlzeiten zuzubereiten, von denen sie wusste, dass sie ihr guttun. Außerdem war Essen bei ihr eine höchst emotionale Angelegenheit. Sie hatte eine absolute Schwäche für Schokoladenkuchen. Eines Tages erzählte sie mir, sie habe ihre übliche nachmittägliche Schokoration durch ein Stück mit sehr dunkler Schokolade ersetzt. Und wissen Sie was? Dieses Stück Schokolade stillte tatsächlich ihr Bedürfnis nach Süßem. Ich schätze, dass sie dadurch 300 bis 400 Kalorien pro Tag weniger zu sich nahm. Und dennoch war ihr Verlangen erfüllt, sie fühlte sich nicht nur satt, sondern auch zufrieden – für dieses Gefühl hatte sie vorher den Schokokuchen gebraucht.

Kalorien sind also nur eine Seite der Abnehmgleichung. Dass sie stattdessen Kakao verzehrte, bedeutete: Sie ernährte sich vollwertiger, nahm weniger künstliche Fette, weniger Zucker und Kalorien zu sich. Und ihr Körper kam in den Genuss der gesundheitlichen Vorzüge von Kakao.

Die Befriedigung, die so mancher Mensch aus Kakao und Schokolade zieht, hat nicht nur auf den Körper Auswirkungen. Wir werden uns im nächsten Kapitel eingehender mit der Wirkung von Kakao auf Gehirn, Appetit und Sättigung beschäftigen.

wäre, wäre Übergewicht für viele sicherlich kein Problem. Doch wir haben eine vielschichtige Beziehung zu unserer Nahrung, und der Kakao bildet hier keine Ausnahme. Heutzutage verzehren wir Kakao beinahe ausschließlich in irgendwelchen Zubereitungen, die vor Fett und Zucker nur so strotzen. Da ist es kein Wunder, dass Kakao einen so schlechten Ruf hat! Doch wie wir in diesem Buch schon mehrfach festgestellt haben, ist in diesen Lebensmitteln gewöhnlich nur wenig Kakao enthalten. Wir sollten uns endlich davon lösen, Kakao nur als „Süßstoff" zu sehen, wenn wir über seine Auswirkungen auf unsere Gesundheit und besonders über Adipositas sprechen.

Dazu gibt es verschiedene Studien, die vermuten lassen, dass der Verzehr von Kakao – und sogar von Schokolade – nicht automatisch zu Übergewicht führt. Eine Studie der *University of California* in San Diego untersuchte die Ernährungsgewohnheiten von mehr als 1000 Probanden mittels eines Fragebogens, in dem die Versuchsteilnehmer beantworten mussten, wie häufig sie welches Lebensmittel verzehrten. Die Probanden wurden nach *Body Mass Index* (BMI) eingeteilt. Tatsächlich ergab sich, dass die Testpersonen, die häufiger Schokolade aßen, weniger Übergewicht hatten. An diesem Befund änderte sich auch nichts, nachdem man den Faktor „körperliche Bewegung" als weiteres Kriterium aufgenommen hatte. Die Ergebnisse der Studie passen zu anderen Resultaten, die einen positiven Effekt von Kakao auf verschiedene Stoffwechselfunktionen ergaben.

Eine Meta-Studie aus dem Jahr 2012 ergab hingegen, dass der Konsum von Schokolade einen direkten Zusammenhang mit dem BMI gesunder Erwachsener hatte: Je mehr Schokolade verzehrt wurde, desto höher war der BMI. Allerdings galt dies nicht für Teilnehmer, die Bluthochdruck oder Typ-2-Diabetes hatten. Diese Gruppe ernährte sich gesund mit mehr Obst, Gemüse und auch Schokolade. Bei ihnen ergab sich kein Zusammenhang zwischen dem Schokoladeverzehr und einem höheren BMI. Wir entnehmen daraus Folgendes: Wenn Sie sich gesund ernähren – also täglich mehrfach Obst und Gemüse zu sich nehmen –, wirkt sich der regelmäßige Konsum von Kakao positiv aus und führt nicht zu Übergewicht. Dann dürfen Sie ihn ruhig von Herzen genießen und von seinen gesundheitlichen Vorzüge profitieren. Vergessen Sie dabei aber nicht, dass uns vor allem die Vielfalt gesund hält. Eine gute Gesundheit und ein langes Leben lassen sich nicht mit einem einzigen Lebensmittel erzielen.

## KAKAO UND CHRONISCHE ERKRANKUNGEN

In einer Ausgabe von *Circulation*, der Zeitschrift der *American Heart Association*, schrieb Norman Hollenberg einen Leitartikel über seine Forschungsarbeiten in Bezug auf Kakao und die Interpretation seiner Resultate in der Öffentlichkeit. Die Medien interessieren sich demzufolge weit mehr für die gesundheitliche Wirkung von Kakao als für die jedes anderen Nahrungsmittels. Für die realen Ergebnisse und ihre praktischen Folgen können sich Journalisten und Medien jedoch scheinbar nicht derart begeistern. Denn Kakao sorgt zwar für gesunde Gefäße, doch wie man dies in praktische Empfehlungen umsetzen soll, ist weit weniger klar.

Zum Beispiel variiert der Gehalt an Flavanol im Kakao je nach Produktion erheblich. Wie viel Flavanol findet sich in unterschiedlichen Schokoriegeln? Und wie viel Kakao bzw. Flavanol müssen wir zu uns nehmen, um die Vorteile der sekundären Pflanzenstoffe gezielt nutzen zu können? Dr. Hollenberg verweist darauf, dass es auf diese Fragen noch keine Antwort gibt.

Schokolade mit einer Extraportion Fett und Zucker als gesund zu empfehlen, wäre unverantwortlich. Daher hält sich Hollenberg mit der Interpretation seiner Forschungsergebnisse zurück. Letztlich weist er in seinem Artikel aber darauf hin, dass es in Bezug auf Kakao folgende eindeutige Fakten gibt: Kakao trägt dazu bei, den Blutdruck zu senken und kardiovaskulären Erkrankungen vorzubeugen. So viel ist sicher! Wir können diese Information nutzen, indem wir dunkle Schokolade, Kakaonibs und Rohkakao verzehren, die den höchsten bekannten Gehalt an Flavanol aufweisen. Wie viel wir davon genau zu uns nehmen sollten, ist allerdings noch unklar. Doch was die Zukunft von Kakao anbelangt, so zeigt sich mehr als ein Silberstreifen am Horizont. Und mit den Rezepten in diesem Buch können Sie die gesundheitlichen Vorteile des Kakaos mit vollen Zügen genießen.

## Praktische Tipps

- Wenn Sie von den Vorzügen des Kakaos bei der Vorbeugung von Herz-Kreislauf-Erkrankungen profitieren wollen, sollten Sie sich für möglichst dunkle Schokolade oder Kakaonibs entscheiden.
- Kein Nahrungsmittel kann für sich allein genommen eine Krankheit verhindern. Kakao ist hier keine Ausnahme. Daher sollten Sie das Mehr an Kakao mit einem gesünderen Lebensstil kombinieren: mehr Bewegung, Obst, Gemüse und Vollkorn, all das tut Ihrer Gesundheit langfristig gut.
- Wie bei anderen Lebensmitteln mit hoher Kaloriendichte sollten Sie den Gesamtkaloriengehalt Ihrer Ernährung im Auge behalten. Sie müssen nicht streng Kalorien zählen, sollten aber doch ungefähr wissen, wie viele Kalorien Sie zu sich nehmen, wenn Sie Ihre Ernährung verändern wollen. Denn man kann auch des Guten zu viel tun!
- Es gibt vieles, was wir über Ernährung und den Zusammenhang mit chronischen Erkrankungen noch nicht wissen. Doch eines ist sicher: Der Verzehr von mehr Obst und Gemüse reduziert das Risiko enorm! Wir haben in diesem Buch so viele leckere pflanzliche Rezepte für Sie zusammengestellt, damit Ihnen die Umstellung auf einen gesunde Ernährung leichter fällt.
- Essen Sie langsamer! Diesen Leitsatz kann man gar nicht oft genug betonen – das gilt sowohl für den leckeren Riegel aus roher Schokolade als für Ihr tägliches Mittagessen. So werden Sie Ihre Mahlzeiten nicht nur mehr genießen können, sondern auch weniger essen. Und noch zwei Tipps: Kauen Sie erst fertig, bevor Sie den nächsten Bissen nehmen. Und halten Sie auch zwischen den einzelnen Bissen kurz inne. Auf diese Weise verlängern sich Ihre Mahlzeiten ganz von selbst.

# Kakao zur Heilung chronischer Erkrankungen


Gigantisch gutes Paprikagulasch **100**

Pozole aus Kichererbsen und Schokolade **102**

Grüne Bohnen-Amandine mit dunkler Schokolade **105**

Würzige Schokoladengrütze **106**

Favabohnen- Eintopf mit Gewürzen und Schokolade **107**

Full-of-Fava-and-Flavanol Chocolate Foul **108**

Tamarinden-Schoko-Chili **111**

Ravioli mit Schokolade und Süßkartoffeln **112**

Schoko-Gemüse-Eintopf **114**

BBQ-Schokosauce **115**

# Gigantisch gutes Paprikagulasch

Schokolade verleiht diesem traditionellen und ausgesprochen vielseitigen Schmorgericht einen neuen, einzigartigen Geschmack. Sie können es mit Gemüsesorten Ihrer Wahl zubereiten und so seinen Nährstoffgehalt variieren.

*Für die Sour Cream mit Kakao:*

**¾ Tasse (185 g) Seidentofu oder Kokosmus in Bio-Qualität (180 g)**

**2 EL (30 ml) Apfelessig in Bio-Qualität**

**1 EL (5 g) Kakaopulver in Bio-Qualität**

**½ TL Salz**

**½ TL Senfpulver**

**1 EL (15 ml) Olivenöl**

**frischer Dill oder Frühlingszwiebelringe zum Garnieren**

*Für das Gulasch:*

**1 Tasse (110 g) Kartoffeln, in Würfel geschnitten**

**1 Tasse (160 g) Zwiebeln, gehackt**

**2 Knoblauchzehen, fein gehackt**

**2 EL (30 ml) Olivenöl**

**800 g stückige Tomatenpassata**

**1 Tasse (150 g) Paprika, entkernt und in Würfel geschnitten**

**1 Tasse (150 g) grüner Spitzpaprika, entkernt und in Würfel geschnitten**

**1 Tasse (90 g) Weißkohl, grob geschnitten**

**1 Tasse (70 g) fein geschnittene Pilze oder 250 g Tofu bzw. 160 g Tempeh**

**1 EL (4 g) frische Kräuter, fein gehackt**

**1 EL (7 g) Paprikapulver**

**½ TL gemahlener Kreuzkümmel**

**¼ TL schwarzer Pfeffer**

**½ TL Salz**

**½ Tasse (120 ml) Rotwein oder Gemüsebrühe**

**1 Tasse (240 ml) Gemüsebrühe**

**1 Tasse (105 g) Vollkornreisnudeln, ungekocht (wahlweise)**

**85 g Bitterschokolade in Bio-Qualität, grob gehackt**

*Sour Cream:* Alle Zutaten in einer großen Schüssel glatt rühren. In den Kühlschrank stellen, bis das Gulasch fertig ist. Vor dem Servieren mit frischen Dill oder Frühlingszwiebelringen bestreuen.

*(Fortsetzung auf Seite 102)*

*Gulasch:* Kartoffeln, Zwiebeln und Knoblauch in einem großen Topf geben und bei mittlerer Hitze 5 Minuten in Öl anbraten. Tomaten, Paprika, Kohl, Pilze, Kräuter, Paprikapulver, Kreuzkümmel, Pfeffer und Salz hinzufügen. Unter Rühren 5 Minuten weitergaren lassen. Wein und Gemüsebrühe dazugeben, weitere 10 Minuten köcheln lassen. Dann die Reisnudeln zu dem Gemüse geben, falls Sie das Gulasch damit zubereiten wollen. Die Schokolade unter Rühren schmelzen lassen. Etwa 5 Minuten kochen, bis die Nudeln weich sind. Sie können auch mehr Flüssigkeit nehmen, doch das Gulasch sollte eher dick werden. Auf jede Portion Gulasch einen Tupfen Sour Cream geben.

**Variationen**: Ersetzen Sie die frischen Kräuter durch Dill und Rosmarin. Verwenden Sie statt der gehackten Schokolade 1/4 bis 1/3 Tasse Kakaopulver (20 bis 25 Gramm) oder rohes Kakaopulver (25 bis 35 Gramm).

**Ergibt: 6 Portionen**

# Pozole aus Kichererbsen und Schokolade

Pozole ist ein dicker Eintopf aus Mexiko. 1 Tasse (165 Gramm) Kichererbsen schenkt Ihnen fast die Hälfte der täglich benötigten Ballaststoffe und 20 Prozent der empfohlenen Eisenzufuhr.

**450 g Tofu oder Tempeh (wahlweise 2 Tassen bzw. 140 g Pilze), in 1 cm große Würfel geschnitten**
**jeweils 1 EL (15 ml) Soja- und Chilisauce**
**2 EL (30 ml) Oliven- oder Rapsöl**

Soja- und Chilisauce in einer Schüssel verrühren. Tofu- oder Tempehwürfel darin wenden und in einer mittelgroßen Pfanne in 1 Esslöffel (15 Milliliter) Olivenöl etwa 6 Minuten anbraten, bis sie schön braun werden. Dabei

**1 Tasse (160 g) Zwiebeln, in Würfel geschnitten**
**3 Knoblauchzehen, fein gehackt**
**1 Lorbeerblatt**
**1 TL Salz**
**¼ TL schwarzer Pfeffer**
**2 Tassen (360 g) Tomaten, in Würfel geschnitten**
**1 Chilischote, entkernt und fein geschnitten (nach Belieben mehr)**
**1½ TL gemahlener Kreuzkümmel**
**1 TL Koriandersamen (möglichst frisch gemahlen)**
**1 EL (8 g) Chilipulver**
**½ TL gemahlener Zimt**
**6 Tassen (1,4 l) Gemüsebrühe**
**2 Tassen (330 g) gekochte Maisgrütze**
**2 Tassen (330 g) gekochte Kichererbsen**
**½ Tasse (75 g) grüner Paprika, in Würfel geschnitten**
**¼ Tasse (35 g) Karotten, in Würfel geschnitten**
**55–115 g Zartbitter- oder ungesüßte Bitterschokolade in Bio-Qualität**

*Zum Garnieren:*

**Koriandergrün, Chiliflocken, rote Zwiebelringe, Frühlingszwiebeln, Limettenspalten oder selbst gemachte Chips**

gelegentlich umrühren. Beiseitestellen.

Das restliche Öl in einem großen, schweren Topf bei mittlerer Hitze erwärmen. Zwiebeln, Knoblauch und Lorbeerblatt darin 2 bis 3 Minuten anbraten. Mit Salz und Pfeffer würzen. Tomaten und Gewürze dazugeben und weitere 5 Minuten garen. Mit etwa 1,2 Liter Gemüsebrühe aufgießen. Die restlichen Zutaten bis auf Tofu und Schokolade dazugeben und 20 Minuten köcheln lassen.

Die restliche Brühe (1 Tasse bzw. 240 Milliliter) in einer Kasserolle auf mittlerer Flamme erhitzen. Die Schokolade in eine kleine Schüssel reiben. Mit dem Schneebesen in die warme Brühe einarbeiten, bis sie sich ganz aufgelöst hat. Die Mischung zu den anderen Zutaten in dem großen Topf geben.

Den Tofu unterheben und 10 Minuten ziehen lassen. Das Lorbeerblatt herausnehmen. In Schüsseln servieren.

**Variation**: Ersetzen Sie die Schokolade durch 1/4 bis 1/3 Tasse Kakaopulver (20 bis 25 Gramm) oder rohes Kakaopulver (25 bis 35 Gramm).

**Ergibt: 8 Portionen**

# Grüne Bohnen-Amandine mit dunkler Schokolade

Besonders mit frisch geschmolzener Schokolade ist dieses Gericht ist eine wahre Köstlichkeit. Die Mandeln enthalten herzgesunde, einfach ungesättigte Fettsäuren, die den Cholesterinspiegel senken. In der *Adventist Health Study*, einer zukunftsweisenden Studie an Zehntausenden von Probanden, stellten Wissenschaftler zudem fest, dass Menschen, die Nüsse essen, ein geringeres Risiko haben, eine Herz-Kreislauf-Erkrankung zu entwickeln. Die wenigsten Erkrankungen gab es bei den Testpersonen, die gesättigte Fette durch Nüsse und Mandeln ersetzten.

**2 Tassen (200 g) grüne Bohnen**
**½ Tasse (50 g) Mandelblätter**
**2 EL (30 ml) Olivenöl**
**½ TL Salz**
**1 EL (15 ml) Balsamico oder Schokoladen-Balsamico-Reduktion (Seite 109)**
**1 EL (4 g) frischer Estragon, fein gehackt**
**55 g Bitterschokolade in Bio-Qualität, gehackt oder grob geraspelt**
**¼ TL Vanillepulver**

Das Olivenöl in einer großen Pfanne erwärmen. Die grünen Bohnen zusammen mit den Mandelblättern darin 2 Minuten leicht anbraten. Salzen, den Balsamico dazugeben und weitere 8 Minuten garen, bis die Bohnen noch knackig und die Mandeln schön braun sind. Vom Herd nehmen und die restlichen Zutaten einrühren. Warm servieren.

**Ergibt: 4 Portionen**

# Würzige Schokoladengrütze

Dies ist eine einfache und sympathische Variation des traditionellen Grießbreirezeptes, mit der Sie die natürlichen Vorzüge von Kakao genießen können. Je nachdem, welchen Grieß Sie für die Grütze verwenden, naschen Sie eine ganze Reihe von Vitaminen und Ballaststoffen. Und Petersilie ist eine ausgezeichnete Quelle für Vitamin A und C.

**¼ Tasse (40 g) Zwiebeln, fein gehackt**
**1 EL (15 ml) Oliven- oder Rapsöl, jeweils nativ**
**1 Tasse (240 ml) Gemüsebrühe**
**½ TL Salz**
**¼ TL schwarzer Pfeffer**
**⅓ Tasse (50 g) Quaker Grits (ersatzweise Hartweizengrieß oder Polenta)**
**55 g Zartbitterschokolade in Bio-Qualität, gehackt oder grob geraspelt**
**2 EL (8 g) glatte Petersilie, fein gehackt**
**¼ Tasse (25 g) Frühlingszwiebeln, fein gehackt**
**Zitronenspalten zum Garnieren**

Die Zwiebeln in dem Öl 2 Minuten lang auf mittlerer Flamme anbraten, bis sie leicht braun sind. Mit der Gemüsebrühe aufgießen. Salz, Pfeffer und Grieß einrühren. Die Hitze reduzieren und 5 Minuten lang leicht köcheln lassen. Vom Herd nehmen, zudecken und weitere 2 Minuten ziehen lassen. Dann die Schokolade einrühren.

Auf vier Schalen verteilen und mit Petersilie sowie Frühlingszwiebeln garniert servieren. Jede Schale mit 1 Zitronenspalte dekorieren.

**Variationen**: Geben Sie die Hälfte der Schokolade schon während des Kochens in den Grieß und streuen Sie die andere Hälfte vor dem Servieren über die Grütze.

**Ergibt: 4 Portionen**

# Exotisch gesunde Salatdressings mit Kakao

Gesunde Dressing-Alternativen mit Kakao verleihen Ihrem Salat einen Hauch Exotik!

*Kakao-Caesar-Dressing*

**⅓ Tasse (80 ml) Zitronensaft**

**3 EL (45 ml) Oliven- oder Sonnenblumenöl, jeweils nativ**

**2 EL (10 g) Kakaopulver (in Rohkostqualität)**

**1 TL geröstetes Reismehl, Algenflocken oder geröstete Sesamsamen**

**1 Knoblauchzehe, zerdrückt**

**¼ TL Salz**

Alle Zutaten mit dem Schneebesen glatt rühren. Abschmecken.

**Ergibt: 6 Portionen**

*Kakao-Tomaten-Vinaigrette*

**¼ Tasse (60 g) Tomatenpassata**

**¼ Tasse (25 g) Kakaopulver in Rohkostqualität**

**¼ Tasse (60 ml) Apfelessig**

**¼ TL schwarzer Pfeffer**

**1 TL Zwiebeln, fein gehackt**

**1 Knoblauchzehe, zerdrückt**

**2 EL (30 ml) Olivenöl**

**¼ TL Salz**

Alle Zutaten im Mixer glatt pürieren. Nach Belieben abschmecken. Vor dem Servieren noch einmal kurz durchrühren.

**Ergibt: 8 Portionen**

*Schokoladen-Balsamico-Reduktion*

**1 Tasse (240 ml) Balsamico**

**30–55 g Zartbitter- oder ungesüßte Bitterschokolade in Bio-Qualität, gehackt oder grob geraspelt**

Den Balsamico in einem Topf zum Kochen bringen. Dann köcheln lassen und dabei regelmäßig umrühren. Wenn etwa ein Viertel der Flüssigkeit verdampft ist, langsam (über mehrere Minuten) die geraspelte Schokolade dazugeben und dabei ständig rühren. Ist die Flüssigkeit auf die Hälfte eingedampft, ist die Reduktion fertig!

**Ergibt: 8 Portionen**

# Favabohnen-Eintopf mit Gewürzen und Schokolade

Bei diesem außergewöhnlichen Eintopf werden die Favabohnen mit Gewürzen, Schokolade und Tomaten kombiniert. Favabohnen schenken uns 13 Gramm Proteine pro Tasse (170 Gramm) und sind dabei fast fettfrei.

**2 Tassen (340 g) gekochte Favabohnen**

**115 g Zartbitterschokolade in Bio-Qualität, gehackt oder grob geraspelt**

**2 Tassen (360 g) Tomaten, in Würfel geschnitten**

**2 EL (30 g) Tomatenmark**

**1 Tasse (240 ml) Pilz- oder Gemüsebrühe**

**½ Tasse (80 g) Zwiebeln, in Würfel geschnitten**

**½ Tasse (75 g) Paprika, in Würfel geschnitten**

**½ TL gemahlener Zimt**

**½ TL gemahlener Koriander**

**1 TL Chilipulver**

**1 TL gemahlener Kreuzkümmel**

**¼ Tasse (4 g) frisches Koriandergrün, fein gehackt**

**1 EL (15 ml) Zitronensaft**

**2 EL (30 ml) Olivenöl**

**Salz und schwarzer Pfeffer zum Abschmecken**

**½ TL gemahlener Sumach (wahlweise)**

Etwas Koriandergrün, Zwiebeln und Paprika zum Garnieren beiseitelegen. Die restlichen Zutaten in einem großen Topf auf mittlerer Flamme erhitzen und etwa 20 Minuten köcheln lassen. In Servierschalen anrichten und hübsch garnieren. Dazu schmecken Pittabrot und Rettichscheiben.

**Ergibt: 4 Portionen**

# Tamarinden-Schoko-Chili

Dieses köstliche Schokoladenchili ist schnell und einfach zubereitet. Linsen sind wahre Kraftpakete – voller Proteine und Mineralstoffe. Genießen Sie sie in diesem Rezept mit gesundem Kakao und knackigem Gemüse.

**2 Tassen (400 g) Linsen oder andere Hülsenfrüchte, gekocht**

**1 Tasse (250 g) gewürzter Tofu oder 170 g gekochter Tempeh, in Würfel geschnitten**

**½ Tasse (80 g) Zwiebeln, in Würfel geschnitten**

**1 Tasse (240 ml) Gemüsebrühe**

**1 Tasse (240 g) stückige Tomatenpassata**

**2 Knoblauchzehen, fein gehackt**

**2 TL Chilipulver**

**1 TL gemahlener Kreuzkümmel**

**1 TL frische Ingwerwurzel, fein gehackt**

**⅓ Tasse (85 g) Tamarindenpaste**

**1 EL (15 ml) Zitronensaft oder Balsamico**

**1 EL (9 g) Chilischoten, gehackt**

**½ Tasse (75 g) Paprika, in Würfel geschnitten**

**¼ Tasse (30 g) Karotten, grob geraspelt**

**½ Tasse (80 g) frische Maiskörner, 80 g TK-Ware oder 100 g Dosenware**

**2 EL (30 ml) Tamari**

**½ TL schwarzer Pfeffer**

**⅓ Tasse (30 g) Kakaopulver oder 55–115 g gehackte Bitterschokolade, jeweils in Bio-Qualität**

**¼ Tasse (4 g) frisches Koriandergrün, fein gehackt**

**Süßungsmittel nach Wahl zum Abschmecken (wahlweise)**

*Zum Garnieren:*
**rote Paprikawürfel, Kakaopulver, zerdrückte Kakaonibs, gehackte Frühlingszwiebeln, fein gehacktes Koriandergrün, Ananaswürfel, Zwiebelwürfel**

Alle Zutaten bis auf Schokolade und Koriandergrün 25 Minuten köcheln lassen, dabei immer wieder umrühren. So viel Brühe verwenden, bis das Chili die gewünschte Konsistenz hat. Schokolade und Koriandergrün erst 10 Minuten vor dem Ende der Garzeit dazugeben und weiterköcheln lassen.

**Ergibt: 5 Portionen**

# Ravioli mit Schokolade und Süßkartoffeln

Dieses Rezept ist etwas zeitaufwendig, aber die Mühe lohnt sich. Die Schoko-Marinara-Sauce (siehe Seite 113) können Sie zu allen anderen Pastaformen reichen und auch zu Polenta gut schmeckt sie großartig.

*Für den Nudelteig:*

**1 Tasse (125 g) Weizenmehl Type 550**
**1 Tasse (170 g) Hartweizengrieß**
**¼ TL Salz**
**1 TL Knoblauchpulver**
**1 Tasse (240 ml) lauwarmes Wasser**
**1 EL (15 ml) Olivenöl**
**Mehl oder Grieß zum Ausrollen**

*Für die Füllung:*

**1 Tasse (225 g) Brei aus gekochten Süßkartoffeln**
**1 Avocado, klein geschnitten**
**¼ Tasse (35 g) Bitterschokolade in Bio-Qualität, geraspelt**
**½ TL Currypulver**
**2 TL Zitronensaft**
**1 Knoblauchzehe, fein gehackt**
**2 EL (20 g) Zwiebeln, fein gehackt**
**2 EL Olivenöl**
**¼ TL Salz**

*Nudelteig:* In einer Schüssel Mehl und Grieß mit Salz und Knoblauchpulver verrühren. Esslöffelweise Wasser und Olivenöl einarbeiten, bis ein fester Teig entsteht. Zu einer Kugel formen. Die Oberfläche anfeuchten und bedeckt 1 Stunde stehen lassen.

*Füllung*: Zutaten verrühren und abschmecken.

*Ravioli*: Den Backofen auf 200 °C vorheizen.

Den Nudelteig 3 Millimeter dick ausrollen und in 5 x 5 Zentimeter große Vierecke schneiden. Auf ein Viereck mittig einen Klecks Füllung geben, dann mit einem Teigstück bedecken. Die Ecken mit einer Gabel zusammendrücken. Die Ravioli auf ein eingefettetes Backblech geben, mit etwas Öl und Wasser bestreichen und 7 Minuten backen. Umdrehen, erneut bestreichen und weitere 7 bis 10 Minuten backen, bis sie eine dünne braune Kruste haben.

Mit Schoko-Marinara-Sauce (Seite 113) servieren.

**Ergibt: 4 bis 6 Portionen**

## Schoko-Marinara-Sauce

**6 Tassen (1 kg) Tomaten, klein geschnitten**

**2 Knoblauchzehen, fein gehackt**

**½ TL Salz**

**¼–½ Tasse (20–40 g) Kakaopulver in Bio-Qualität**

**2 EL (30 ml) Balsamico**

**¼ Tasse (30 g) Karotten, geraspelt**

**½ Tasse (80 g) Zwiebeln, fein gehackt**

**1 EL (3 g) frisches Basilikum, fein gehackt**

**2 TL frischer Oregano, fein gehackt**

**¼ TL schwarzer Pfeffer**

Alle Zutaten in einem großen Topf zum Kochen bringen und 25 Minuten lang köcheln lassen. Gelegentlich umrühren. Wenn die Sauce für Ihren Geschmack zu dick wird, können Sie etwas Brühe oder Tomatensaft dazugeben. Nach Belieben abschmecken.

**Ergibt: 6 Portionen**

## Enchilada-Sauce (Variation)

Bereiten Sie die Marinara-Sauce wie beschrieben zu. Lassen Sie jedoch die Karotten sowie das Basilikum weg und ersetzen Sie diese durch:

**Ergibt: 6 Portionen**

**1 TL gemahlenen Kreuzkümmel**

**1½ TL Chilipulver**

**1 TL getrocknete Chilischoten, fein gehackt**

**2 EL (2 g) frisches Koriandergrün, fein gehackt**

**½ Tasse (75 g) roter Paprika, sehr fein geschnitten**

# Schoko-Gemüse-Eintopf

Dies ist ein einfacher und verführerisch würziger Ein-Topf. Verwenden Sie Gemüse ihrer Wahl sowie gekochte Bohnen, Nüsse, Tempeh und andere Leckereien. Das Gemüse schenkt uns unlösliche Ballaststoffe, die im Verdauungstrakt aufquellen und unseren Körper von Schlacken befreien.

**½ Tasse (80 g) rote Zwiebeln, fein gehackt**

**3 Knoblauchzehen, fein gehackt**

**2 Tassen (140 g) kleine Champignons**

**2 Tassen (240 g) Zucchini, in Würfel geschnitten**

**3 EL (45 ml) Olivenöl**

**Salz zum Abschmecken**

**1 Kopf Mangold, in feine Streifen geschnitten**

**1½ Tassen (270 g) Tomaten, klein geschnitten**

**2 EL (8 g) frischer Oregano, fein gehackt**

**2 EL (30 ml) Sojasauce oder Tamari**

**1 Tasse (260 g) Sofrito oder Ajvar, jeweils in Bio-Qualität (siehe Anmerkung)**

**½ Tasse (70 g) Bitterschokolade in Bio-Qualität, geraspelt**

**½ Tasse (120 ml) Pilz- oder Gemüsebrühe**

**¼ Tasse (60 ml) Zitronensaft**

**½ Tasse (30 g) glatte Petersilie, fein gehackt**

Zwiebeln, Knoblauch, Pilze und Zucchini in Olivenöl anbraten. Leicht salzen. Mangold, Tomaten und Oregano dazugeben und 2 Minuten köcheln lassen. Restliche Zutaten bis auf Zitronensaft und Petersilie einrühren und 20 Minuten köcheln lassen.

Petersilie und Zitronensaft hinzufügen und weitere 10 Minuten köcheln lassen. Nach Belieben abschmecken.

Mit getoastetem Brot oder Gewürzreis bzw. -quinoa auf den Tisch bringen. Auch wilder Reis oder schwarzer Nerone-Reis passen gut dazu.

**Anmerkung**: Sofrito ist eine würzige Sauce aus Tomaten, Paprika, Zwiebeln und Olivenöl, die vor allem in der spanischen und portugiesischen Küche verwendet wird. Ajvar ist eine Art Relish aus der Balkanküche, das aus rotem Paprika und Olivenöl hergestellt wird.

**Ergibt: 8 Portionen**

# BBQ-Schokosauce

Diese Sauce schmeckt großartig zu gegrilltem Gemüse, mariniertem Tofu, Tempeh, Pilzen, Veggie-Burgern oder anderen Grillköstlichkeiten.

**2 Tassen (360 g) klein geschnittene Tomaten, ohne Wasser und Kerne**
**2 EL (30 ml) Tamari oder Sojasauce**
**1 TL Chilipulver**
**jeweils ½ TL Kreuzkümmel, Paprikapulver und schwarzer Pfeffer**
**2 EL (30 g) Vollrohrzucker**
**½ TL Knoblauchsalz oder Räuchersalz**
**2 Knoblauchzehen, fein gehackt**
**2 TL scharfer Senf**
**1 EL (15 ml) Olivenöl**
**¼ Tasse (40 g) Zwiebeln, fein gehackt**
**1 TL getrocknete Chilischote, fein gehackt (wenn möglich die Sorte Fresno)**
**¼ TL gerebelter Salbei**
**1–2 EL (15–30 ml) Malzessig**
**½ Tasse (120 ml) Gemüsebrühe oder -bouillon**
**55 g Zartbitter- oder ungesüßte Bitterschokolade in Bio-Qualität, geraspelt**

Alle Zutaten bis auf Schokolade und Brühe in einer großen Kasserolle auf mittlerer Flamme erhitzen. Etwa 30 Minuten lang köcheln lassen. Während die Tomaten durchgaren, langsam die Brühe dazugeben.

Die Mischung abkühlen lassen und im Mixer pürieren. In den Topf zurückgeben, erneut erwärmen und die Schokolade einrühren. Weitere 10 Minuten köcheln lassen. Nach Belieben abschmecken.

**Variationen**: Wenn die Sauce zu wässrig wird, können Sie sie mit 1 Teelöffel Tomatenmark oder Maisgrieß andicken oder etwas weniger Brühe nehmen. Für ein angenehm weiches Aroma die Tomaten halbieren und im Backofen garen, bevor Sie die Sauce zubereiten.

**Ergibt: 8 Portionen**

# Kakao fürs Gehirn – beugt Schlaganfall vor und steigert die kognitiven Funktionen

2013 veröffentlichte die Fachzeitschrift *Nutrients* einen Überblick über die Geschichte des Kakaos aus medizinischer und ernährungswissenschaftlicher Sicht. Die Autoren gehen u. a. auch auf die hier beschriebenen gesundheitlichen Vorzüge des Kakaos ein und kommen zu dem Fazit, dass es quasi eine Rückkehr zur ursprünglichen Verwendung von Kakao (im präkolumbianischen Mittelamerika) und Schokolade (im 17. und 18. Jahrhundert in Europa) bedeuten würde, wenn wir ihn in seiner Rohform und weniger als Süßspeise verzehren würden. Das aktuelle wissenschaftliche Interesse am Kakao nahm seinen Anfang bei Carl von Linné, der Kakao 1753 *Theobromin* nannte, die „Speise der Götter". Linné konnte im 18. Jahrhundert jedoch nicht auf die wissenschaftlichen Mittel zurückgreifen, die uns heute zur Verfügung stehen.

Das gilt natürlich auch für die Olmeken, Mayas und Azteken, die Kakao so vielfältig einzusetzen wussten. Erst heute haben wir die bio-aktiven Inhaltsstoffe des Kakaos aufgeschlüsselt, deren wohltätige Wirkung damals nur aus der Erfahrung beschrieben werden konnte. Einst sahen die Menschen den Kakao als „Geschenk der Götter" an. Wie wahr!

Doch es war ein langer Weg bis zu seiner Würdigung als Superfood. Im Jahr 2012 stellte die Europäische Behörde für Lebensmittelsicherheit fest, dass die Behauptung, die Flavanole im Kakao würden den normalen Blutfluss fördern, richtig ist. (Dafür müssen täglich 2,5 Gramm eines Kakaopulvers mit hohem Flavanolgehalt oder 10 Gramm einer dunklen Schokolade mit viel Flavanol konsumiert werden.) Mehr als 250 Jahre nach Linnés Forschungsarbeiten haben wir heute die Gewissheit, dass Kakao sehr gesund ist.

Auch auf das Gehirn und unsere kognitiven Funktionen wirkt sich Kakao positiv aus. Er fördert den Blutfluss im Gehirn und damit die Konzentrationsfähigkeit. Er verbessert unsere Stimmung, reduziert mentale Abnutzungserscheinungen und das Risiko für Schlaganfälle, Alzheimer sowie Demenz. Schokolade hat eine nahezu symbiotische Verbindung zu unserem Gehirn, denn er beeinflusst das Gehirn auf der physiologische Ebene ebenso wie auf der psychologischen.

## Kakao verbessert die Blutversorgung des Gehirns

Ein Schlaganfall ist gekennzeichnet durch die rasante Abnahme der Gehirndurchblutung entweder aufgrund einer Blutung oder aufgrund einer Blockade. Er zählt zu den Hauptursachen für Behinderungen in den USA und ist die vierthäufigste Todesursache. Zu den Risikofaktoren gehören einige der Störungen, mit denen wir uns bereits beschäftigt haben: hoher Blutdruck, erhöhter Cholesterinspiegel und Diabetes (sowie das Alter, doch das lässt sich ja nicht beeinflussen).

Wer regelmäßig Kakao zu sich nimmt, hat ein niedrigeres Schlaganfallsrisiko, weil die darin enthaltenen Flavanole den Blutfluss im Gehirn fördern. In einer 2012 publizierten Studie wurde das Leben von 37.103 schwedischen Männern über 10,2 Jahre hinweg verfolgt. Dabei stellte sich heraus, dass ein hoher Schokoladekonsum mit einem niedrigeren Risiko für Schlaganfälle einherging. Als die Forscher die Gruppe mit dem höchsten Schokoladekonsum (60 Gramm pro Woche) mit der verglichen, in der am wenigstens Schokolade verzehrt wurde, war der Unterschied sogar noch auffälliger.

Daraufhin führten die Autoren eine Meta-Studie durch, bei der sie auch die Daten aus fünf anderen Studien miteinbezogen. Auch diese bestätigten ihre Resultate:

Wer regelmäßig Schokolade verzehrte, hatte ein niedrigeres Schlaganfallsrisiko. Dies geht ohne Zweifel auf die positive Wirkung der Flavonoide zurück, die den Blutfluss in der mittleren Gehirnschlagader verstärken. Indirekt schützt uns Kakao zudem durch seine Blutdruck und Cholesterinspiegel senkende sowie Typ-2-Diabetes vermindernde Wirkung.

## KAKAO – PURE VITAMINLUST

Flavonoide gehören zu den Polyphenolen. Zu ihnen zählen außerdem Flavanole, Flavan-3-ole, Anthocyane, Pro-Anthocyanide, Catechin, Epicatechin, Flavonole und Flavone. Als man sie in den 1930er-Jahren entdeckte, nannte man diese Stoffe noch „Vitamin P". Doch eigentlich sind Flavonoide keine Vitamine.

In der Werbesprache wird der Ausdruck allerdings immer noch verwendet. Im Englischen steht „Vitamin P" für Vitamin Pleasure, also „Vitaminlust". Diese stellt sich ein, wenn Menschen glücklicher sind, ihr Essen mehr genießen und weniger chronische Krankheiten entwickeln. Wer sein Essen genießt, pflegt automatisch auch einen gesünderen Lebensstil. Dieses Phänomen ist auch als „das französische Paradoxon" bekannt: Die Franzosen konsumieren regelmäßig Nahrungsmittel mit hohem Cholesteringehalt und vielen gesättigten Fetten, dennoch entwickeln sie nicht in dem Ausmaß, das man erwarten würde, jene Zivilisationskrankheiten, die gewöhnlich mit dem Verzehr solcher Nahrungsmittel in Zusammenhang gebracht werden. Eine Erklärung dafür ist, dass die Franzosen sich mehr Zeit zum Essen nehmen und es mehr genießen. Zudem nehmen Franzosen im Durchschnitt sehr viel mehr Obst, Gemüse und Wein zu sich als der durchschnittliche Amerikaner (oder Deutsche). Alle diese Nahrungsmittel enthalten Polyphenole wie die Flavonoide, das frühere „Vitamin P". Dasselbe gilt natürlich auch für Kakao: Er steckt voller Polyphenole und ist Vitaminlust pur.

## Kakao für unsere kognitiven Fähigkeiten

Ein vermehrter Blutfluss im Gehirn fördert auch andere Gehirnfunktionen. Kakao löst positive neurochemische Effekte aus, die unsere kognitiven Fähigkeiten verbessern und damit degenerative Erkrankungen verlangsamen können.

### Alzheimer-Krankheit

Die Alzheimer-Erkrankung ist eine irreversible Hirnerkrankung, bei der das Gedächtnis und die Fähigkeit, grundlegende Verrichtungen auszuführen, unwiederbringlich verloren gehen. Alzheimer ist die Hauptursache für jede Form der Demenz, bei der die Entscheidungsfindung und die rationalen Funktionen des Gehirns negativ beeinflusst werden. Warum es zu Alzheimer kommt, ist noch immer nicht geklärt. Manche Experten halten die Krankheit für eine Art Typ-3-Diabetes, denn zu den Risikofaktoren gehört das metabolische Syndrom ebenso wie der Typ-2-Diabetes. Daher nimmt man an, dass die krankhaften Erscheinungsformen in einer Beziehung zueinander stehen. 2012 wurde in der Fachzeitschrift *Rejuvenation Research* ein Artikel veröffentlicht, der eine Verbindung zwischen dem metabolischen Syndrom und der genetischen Kodierung des Insulinsignals nahelegt. Die Autoren vertreten die Ansicht, dass die jüngsten Forschungsergebnisse aus Molekularbiologie und Epigenetik uns bald Hinweise auf die Entstehung von Alzheimer geben können.

Tatsächlich erinnert die Erforschung von Alzheimer an die Herzforschung in den 1950er-Jahren. Damals dachte man noch, das Herz höre auf zu schlagen, weil es alt ist. Heute wissen wir, dass die Entwicklung von Plaques, die letztlich zu Herzkrankheiten führen, schon Jahrzehnte vor dem eigentlichen Herzanfall einsetzt. Und einige der Risikofaktoren für Herzerkrankungen können wir heute kontrollieren.

Für Alzheimer und Demenz können wir vielleicht mit ähnlichen Erkenntnissen rechnen, denn schon heute gibt es Belege dafür, dass Kakao die Entwicklung sowohl von Alzheimer als auch von kognitiven Störungen zumindest verlangsamen kann. 2013 veröffentlichte die Fachzeitschrift *Neurology* eine Studie, die am *Brigham and Women's Hospital* durchgeführt wurde – einem Krankenhaus, das mit der *Harvard University* zusammenarbeitet. Bei dieser Studie wurden 60 Personen untersucht, die im Durchschnitt 73 Jahre alt waren. Die Hälfte der Gruppe trank dreißig Tage lang einen stark flavanolhaltigen Kakao, während die andere Hälfte ein Getränk mit weniger Flavanolen zu sich nahm. Zu Beginn und am Ende der Studie wurden die Denk- und Gedächtnisleistungen der Probanden überprüft. Dies geschah u. a. mittels der neurovaskulären Kopplung (NVK). Bei dieser Methode wird die Blutversorgung im Gehirn durch lokale Steigerung des Blutflusses gedeckt, um die neuronale Aktivität darzustellen. Die Ergebnisse waren erstaunlich. Menschen, deren Blutfluss gestört war, zeigten nach den dreißig Tagen flavanolreichen Kakaokonsums deutliche Verbesserungen. Und auch die Denkfähigkeit wurde durch Tests überprüft mit dem Ergebnis, dass die Probanden zum Lösen der Aufgaben 30 Prozent weniger Zeit als zuvor benötigten. Mentalen „Abnutzungserscheinungen" lässt sich also durch Kakao wirksam begegnen. Darüber hinaus wurden Magnetresonanztomografien (MRT) erstellt, die zeigten, dass Probanden mit begrenzter neurovaskulärer Kopplung eine stark beeinträchtigte weiße Hirnmasse hatten. Aus diesen Resultaten lässt sich schließen, dass zwischen Kakaokonsum und kognitiven Funktionen ein enger Zusammenhang besteht.

## Kakao wirkt stimulierend

Kakao enthält winzige Mengen des Stimulans Methylxanthin in Form von Koffein und Theobromin. Obwohl die Menge dieses Stoffes im Vergleich zu Tee oder Kaffee sehr gering ist, sind diese Komponenten hochaktiv und deshalb vermutlich verantwortlich für das Wohlgefühl, das sich beim Genuss von Kakao einstellt.

Einige kluge Forscher haben daraufhin 64 Versuchsteilnehmern Kakao serviert – einmal mit und einmal ohne Pille. Diese Pille enthielt genauso viel Koffein und Theobromin, wie sie in 50 Gramm Schokolade enthalten sind, aber nur die Hälfte der Gruppe bekam die Wirkstoffe, die andere erhielt ein Placebo. Das Resultat war umwerfend: Bei den Kakaotrinkern, die die Wirkstoff-Pille bekommen hatten, bestand eine deutlich höhere Wahrscheinlichkeit, dass sie den Kakao als positiv beurteilten. Der Koffeingehalt der Pille entsprach dem von 50 Gramm dunkler Schokolade, was in etwa 19 Milligramm ist. Das ist eine sehr geringe Menge, verglichen mit dem Koffeingehalt einer Tasse Kaffee, der bei 95 Milligramm liegt. Offensichtlich war er in dieser Situation aber ausreichend. Die Forscher schlossen aus ihren Resultaten, dass ein Teil der positiven Effekte des Konsums von Kakaoprodukten auf die stimulierenden Substanzen Koffein und Theobromin zurückgeht.

## Stress und Angst? – Da hilft Schokolade!

Stress ist eine körperliche Reaktion, die unser kardiovaskuläres System negativ beeinflusst, wenn wir nicht lernen, damit umzugehen. Unser Körper hat einen eingebauten Kampf-Flucht-Mechanismus, der uns befähigt, allen möglichen Gefahren zu begegnen. Heute aber stehen die meisten Menschen ständig unter Stress, als wäre jeder Tag ein Kampf. Die meisten kennen jedoch keine effektiven Gegenmaßnahmen. Daher wirkt sich der Stress negativ auf ihren Körper aus.

Stress schädigt unsere Gesundheit zudem auch indirekt, da er viele ungesunde Verhaltensweisen zur Folge hat, z. B., dass wir zu viel essen – als Versuch der Stressbewältigung. Unser Umgang mit Stress ist sehr wichtig für unser allgemeines Wohlbefinden. Schokolade mag zwar als sündiges Vergnügen gelten, in der richtigen Form aber hilft sie uns beim Stress-Management.

In einer 2009 veröffentlichten Studie wurden 30 Probanden zwei Wochen lang täglich 40 Gramm dunkle Schokolade verabreicht, um deren Auswirkungen auf den Stoffwechsel zu analysieren. Nicht bei jedem kam es zu statistisch relevanten Resultaten, doch Menschen mit einem hohen Angstniveau zeigten eine klare Reaktion: Regelmäßiger Schokoladenkonsum reduzierte die biologischen Anzeichen für Stress im Körper wie z. B. den Kortisolspiegel im Urin. Den Autoren zufolge sei der tägliche Verzehr von dunkler Schokolade schon deshalb zu empfehlen.

### Der Streit um die Gründe unserer Vorliebe für Schokolade

Die eben erwähnte Studie konnte belegen, dass die bio-aktiven Komponenten im Kakao unser Gehirn positiv beeinflussen. Manche Wissenschaftler allerdings argumentieren, dass Kakao nur sensorische Qualitäten besitze. Das ist eine schicke wissenschaftliche Umschreibung für: Er schmeckt halt gut und darum essen wir ihn so gern. Und das ist es, was uns eigentlich glücklich macht.

Dagegen ist an sich gar nichts einzuwenden, denn es müssen ja nicht immer biochemische Komponenten für die positive Wirkung eines Nahrungsmittels verantwortlich sein. Diese kann durchaus einfach dadurch bedingt sein, dass man den Verzehr mit positiven Dingen verbindet. So ähnlich wie beim Vitamin P und der Vitaminlust. Dieser Zusammenhang wurde wissenschaftlich untersucht. Man befragte amerikanische und spanische Frauen nach ihrem Verlangen nach bestimmten

Nahrungsmitteln. Was Schokolade anging, war der Unterschied enorm. Amerikanische Frauen gelüstete es mehr als zehn Mal so stark nach Schokolade wie spanische. Das lag daran, dass sie Schokolade häufiger aßen und entsprechend genossen.

Sehen wir es einmal so: Kakaobutter schmilzt bei Körpertemperatur. Sie zergeht dabei im Mund auf eine Art und Weise, wie nur Kakao das kann. Dabei entsteht ein köstliches „Mundgefühl" (tatsächlich ein wissenschaftlicher Begriff), das Endorphine freisetzt, weil es sich so gut anfühlt. Das Ganze muss also nicht unbedingt mit den Inhaltsstoffen der Schokolade zu tun haben.

Der Wirbel um Schokolade ist nach Ansicht vieler Menschen jedoch lediglich ein durch die Sozialisation erlerntes Verhalten. Wenn wir uns ansehen, welche Rolle Schokolade in unserer Gesellschaft spielt, können wir diese Haltung leicht nachvollziehen. Zahllose Feiertage wie Ostern, der Valentinstag, Nikolaus, Weihnachten, Chanukka (das jüdische Lichterfest), Bairam (das islamische Zuckerfest) oder Diwali (das hinduistische Lichterfest) werden mit Schokoladenleckereien gefeiert. Die Wissenschaft wird sich vielleicht noch lange Zeit damit beschäftigen, weshalb wir Schokolade so unwiderstehlich finden, aber bis dahin dürfen Sie Kakao und Schokolade durchaus weiter genießen – aus welchen Gründen auch immer.

## Praktische Tipps

- Die gesundheitlichen Vorzüge von Kakao können sich am besten im Rahmen einer pflanzenbasierten, vollwertigen Ernährung entfalten. Und zwar nicht nur im Hinblick auf unsere Gesundheit, sondern auch ganz einfach zum Wohle unserer Geschmacksknospen. Viele von uns sind an die beißende Süße von raffiniertem Zucker gewöhnt. Lassen Sie diesen doch einfach mal zwei Wochen lang weg und Ihre Geschmacksknospen werden ganz neue Aromen entdecken! Das Obst ist süßer und Sie werden subtile, bislang unbekannte und unbemerkte Noten in Kakao und Schokolade wahrnehmen. Lassen Sie ruhig auch mal das Salz weg und beobachten Sie, wie es Ihren Geschmacksknospen damit geht.
- Unser Gehirn mag es am liebsten, wenn alles beim Alten bleibt. Das macht es uns so schwierig, plötzlich mit Sport anzufangen oder andere einschneidende Veränderungen in unserem Lebensstil vorzunehmen. Und so reagieren wir meist zunächst mit Ablehnung, wenn wir etwas Neues probieren! Aber empfinden wir tatsächlich so oder sträubt sich unser Gehirn nur gegen Veränderungen? Lassen Sie sich nicht überrumpeln.
- Wir haben in diesem Kapitel u. a. erwähnt, dass es sich bei einigen der positiven mentalen Effekte von Kakao möglicherweise lediglich um ein erlerntes Verhalten handelt. Das sehen manche Menschen als schlecht an. Ich gehöre nicht dazu, denn schließlich können wir Erfahrungen auch neu besetzen und anders assoziieren, um unser Wohlbefinden zu steigern. Mir geht es z. B. so mit der Zubereitung des Abendessens. Es ist eine bereichernde Erfahrung, Gerichte zuzubereiten, und ich freue mich schon am Nachmittag darauf.
- Gibt es auch in Ihrem Leben neue, gesunde Verhaltensweisen, die Sie mit einer positiven geistigen Einstellung neu interpretieren können?
- Das Gehirn braucht nicht nur gesundes Essen, sondern vor allem eines: Abwechslung. Wie Ihr Herz müssen Sie es jeden Tag trainieren, indem Sie ihm stimulierende Aktivitäten bieten. Meiner Ansicht nach gehört kreatives Kochen dazu: Es ist sowohl Wissenschaft als auch Kunst. Also fördern Sie Ihr Gehirn – mit unseren leckeren Kakaorezepten.

# Kakao für Ihr Gehirn


Croque Chocolat mit Auberginen, Tomatenpesto und Rucola **127**

Kakao-Kartoffel-Tacos **128**

Schokoladen-Karotten-Kuchen **130**

Schokoladiges Bhindi Masala **131**

Zimt-Cashew-Auflauf **132**

Cuitlacoche Empanadas **133**

Schoko-Jamaika **134**

Bloody Cocoa Mary **135**

Start in den Tag auf Miso-Art **136**

Avocado-Kakao-Mousse mit indischer Gewürzcreme **138**

Schokosirup **139**

Triple-Schoko-Bruschetta **141**

# Croque Chocolat mit Auberginen, Tomatenpesto und Rucola

Aubergine hat eine hohe Nährstoffdichte und wenig Fett. Sonnengetrocknete Tomaten versorgen uns mit Eisen, Magnesium und Kalium.

**1 Aubergine, in 6 mm dicke Scheiben geschnitten**
**4–5 EL (60–75 ml) Olivenöl**
**1–1½ TL Salz**
**4 Knoblauchzehen, fein gehackt**
**¼ TL schwarzer Pfeffer**
**2 EL (30 ml) plus 2 TL Balsamico**
**1 Tasse (60 g) sonnengetrocknete Tomaten, klein geschnitten**
**2 EL (8 g) glatte Petersilie, fein gehackt**
**¼ Tasse (40 g) rote Zwiebeln, fein gehackt**
**½ Tasse (20 g) Basilikumblätter**
**⅓ Tasse (35 g) Kalamata-Oliven, ohne Stein**
**1 EL (15 ml) Zitronensaft**
**¼ Tasse (35 g) geröstete Pinienkerne**
**Pitta-Brot oder Baguette für 4 Sandwiches**
**2 EL (30 g) Dijon-Senf, verrührt mit 2 TL Kakaopulver in Rohkostqualität**
**115 g Bitterschokolade in Bio-Qualität, zu Locken abgerieben**
**1–2 Tassen (20–40 g) Rucola**
**1 TL Kapern**

Den Backofen auf 200 °C vorheizen.

Auberginen auf einem gefetteten Backblech auslegen. Mit 1 Esslöffel Olivenöl bestreichen, sowie mit ¼ bis ½ Teelöffel Salz, 1 gehackten Knoblauchzehe und Pfeffer bestreuen. 2 Esslöffel Balsamico darüberträufeln. 25 Minuten backen.

Für das Pesto Tomaten, Petersilie, Zwiebeln, Basilikum, Oliven, Zitronensaft und Nüsse mit dem restlichen Olivenöl, Salz, Knoblauch und Balsamico im Mixer pürieren. Beiseitestellen.

8 Scheiben Brot 5 Minuten im Backofen rösten. Herausnehmen. Den Grill im Herd aufheizen. 4 der Brotscheiben mit der Senf-Kakao-Mischung, dann mit Pesto bestreichen und darauf die Auberginen legen. Mit Schokolade bestreuen und 1 Minute überbacken. Aus dem Ofen nehmen. Auf den 4 verbliebenen Brotscheiben Rucola und Kapern anrichten und die 4 überbackenen Brotscheiben damit bedecken.

**Ergibt: 4 Portionen**

# Kakao-Kartoffel-Tacos

Für dieses Gericht können Sie Reste von Kartoffelbrei verwerten. Kartoffeln stecken neben Stärke auch voller Eisen, Kalium, Vitamin C und Protein. Maistortillas enthalten sogar weit mehr Kalzium als Mais, weil sie mit Kalkwasser hergestellt werden.

**½ TL Salz**
**1 TL Chilipulver**
**1 EL (5 g) Kakaopulver in Bio-Qualität**
**2 TL Oliven- oder Rapsöl, jeweils nativ**
**2 TL Limettensaft**
**2 Tassen (450 g) gekochte Kartoffeln, zu Brei verarbeitet**
**2 Knoblauchzehen, fein gehackt**
**½ Tasse (80 g) Zwiebeln, in Ringe geschnitten**
**8–10 Maistortillas**
**2 EL (8 g) Zartbitterschokolade in Bio-Qualität, geraspelt**
**Limettensaft und Chilisauce zum Beträufeln**
**2–3 EL (2–3 g) frisches Koriandergrün, fein gehackt**
**Olivenöl zum Anbraten und Einpinseln**
**Limettenspalten zum Garnieren**

In einer mittelgroßen Schüssel Salz, Chilipulver, Kakaopulver, Öl und Limettensaft unter den Kartoffelbrei rühren. Beiseitestellen.

Dann in einer großen Pfanne Zwiebeln und Knoblauch in wenig Öl 2 Minuten lang anbraten. Den Kartoffelbrei dazugeben, die Hitze auf mittlere Flamme reduzieren und die Kartoffelmasse auf beiden Seiten etwa 4 Minuten backen, bis sie an einigen Stellen braun zu werden beginnt. Mit einem Löffel in die Tortillas füllen (etwa ⅓ Tasse oder 85 Gramm pro Tortilla). Mit Schokolade und Koriandergrün bestreuen, etwas Limettensaft und Chilisauce darüberträufeln (davon jeweils eine kleine Menge zum Garnieren aufbewahren) und die Tortillas zusammenklappen. In einer Pfanne in wenig Öl bei mittlerer Hitze backen (etwa 2 bis 3 Minuten pro Seite). Oder mit Öl bestreichen und bei 200 °C im vorgeheizten Backofen 7 bis 10 Minuten backen, wenden. Das Öl können Sie auch weglassen. Garnieren und mit Limettenspalten servieren.

**Ergibt: 8 Portionen**

# Schokoladen-Karotten-Kuchen

Die natürliche Süße der Karotten passt perfekt zu Schokolade. Wussten Sie, dass es mittlerweile auch violette, weiße und rote Karotten gibt? Jede Farbe enthält einen anderen Cocktail aus sekundären Pflanzenstoffen. Also suchen Sie sich für dieses Rezept ruhig Karotten in Ihrer Lieblingsfarbe aus.

**1 Rezept Teig für Kakao-Pie (Seite 172), ungebacken**

**1½ Tassen (165 g) Karotten, geraspelt**

**1 Tasse (130 g) geschmolzene Zartbitterschokolade in Bio-Qualität**

**½ Tasse (100 g) Rohrohrzucker**

**½ Tasse Reis (80 g), 55 g Mandeln oder 70 g Hirsemehl**

**1 EL (8 g) Maisstärke oder Tapiokamehl**

**½ TL Salz**

**1 TL gemahlener Zimt**

**½ TL gemahlene Muskatnuss**

**¼ TL gemahlene Gewürznelken**

**½ TL gemahlener Ingwer**

Den Backofen auf 220 °C vorheizen.

Den Pastetenteig in eine Pie-Form von 23 Zentimetern Durchmesser geben. Für eine interessante Abwechslung können Sie zudem Kokosraspeln oder grob gehackte Pekannüsse in den ausgelegten Teig drücken.

Die restlichen Zutaten in einer großen Schüssel verrühren. Glatter wird die Masse, wenn Sie sie im Mixer pürieren. In die Pie-Form geben und 15 Minuten backen. Dann die Temperatur auf 190 °C reduzieren und weitere 25 Minuten backen. Warm servieren oder vorher abkühlen lassen und gekühlt direkt aus dem Kühlschrank auf den Tisch bringen.

**Serviertipps**: Probieren Sie den Kuchen auch mit Doppelt schokoladiger Sauce (Seite 162) oder Kakao-Kokoscreme (Seite 173). Wenn Sie diese über den Kuchen geben, haben Sie eine klassische Cream Pie. Die Kokos-Creme können Sie vor dem Servieren zudem mit gerösteten Kokosflocken bestreuen.

**Ergibt: 8 Portionen**

# Schokoladiges Bhindi Masala

Die gesundheitlichen Vorzüge von indischen Gewürzen sind bestens bekannt und werden mittlerweile auch von der westlichen Medizin akzeptiert. Kurkuma, einer der Hauptbestandteile von Currypulver, enthält hochwirksames anti-entzündliches Kurkumin. Es wirkt krebsvorbeugend und kann zur Behandlung verschiedenster Erkrankungen eingesetzt werden.

**½ Tasse (80 g) rote Zwiebeln, fein gehackt**

**2 Knoblauchzehen, fein gehackt**

**½ TL Senfsamen**

**2 EL (30 ml) Olivenöl**

**3 Tassen (300 g) Okraschoten, in Scheiben geschnitten**

**2 TL Garam-Masala-Gewürzmischung in Bio-Qualität**

**1 TL Currypulver**

**2 Chilischoten, fein gehackt (wahlweise)**

**2 Tassen (360 g) Tomaten, in Würfel geschnitten**

**1 Tasse (150 g) Paprika, in Würfel geschnitten**

**½ Tasse (65 g) Zartbitterschokolade in Bio-Qualität, geraspelt**

**¼ Tasse (65 g) Tamarindenpüree**

**2 EL (30 ml) Limettensaft**

**Salz und weißer Pfeffer**

**1 Tasse (240 ml) Kokosmilch**

**2 EL (2 g) frisches Koriandergrün, fein gehackt**

In einem großen Topf bei mittlerer Hitze Zwiebeln, Knoblauch und Senfsamen in dem Öl anrösten. Okraschoten, Gewürze sowie Chilischoten dazugeben, und wenige Minuten köcheln lassen. Dann die restlichen Zutaten bis auf die Kokosmilch und den Koriander hinzufügen und etwa 15 Minuten köcheln lassen. Kokosmilch und Koriandergrün zu dem Gemüse geben und erneut 10 Minuten köcheln lassen. Abschmecken, dabei falls nötig auch etwas mehr von den Gewürzen dazugeben.

Mit Reis, Gurken-Raita und Fladenbrot servieren.

**Ergibt: 6 Portionen**

# Zimt-Cashew-Auflauf

Dieses Gericht macht gute Laune! Zimt und Cashewkerne passen hervorragend zu Schokolade. Cashewkerne enthalten weniger Fett als Nüsse. Der Großteil ihrer Fette besteht aus ungesättigten, herzgesunden Fettsäuren, wie z. B. der Oleinsäure, die auch in Olivenöl enthalten ist.

**2 EL (10 g) Kakaopulver in Bio-Qualität**

**1½ Tassen (150 g) Cashewkerne, gemahlen**

**2–3 EL (30–45 ml) Olivenöl**

**1½ TL gemahlener Zimt**

**¼ Tasse (25 g) Frühlingszwiebeln, klein geschnitten**

**2 Tassen Tofu (500 g), 140 g Pilze oder 330 g Tempeh, in 1 cm große Würfel geschnitten**

**1 Tasse (130 g) Karotten, in Würfel geschnitten**

**1 Tasse (80 g) Auberginen, in Würfel geschnitten**

**½ Tasse (60 g) Staudensellerie, klein geschnitten**

**1 Tasse (150 g) roter, gelber und/oder grüner Paprika, in Würfel geschnitten**

**1 Tasse (160 g) Zwiebeln, in Würfel geschnitten**

**2 Knoblauchzehen, fein gehackt**

**1 TL Zitronengras, fein gehackt**

**⅓ Tasse (45 g) geschmolzene Zartbitterschokolade in Bio-Qualität (oder je nach Geschmack ungesüßte Bitterschokolade)**

**1 TL Currypulver**

**2 EL (30 ml) Limetten- oder Zitronensaft**

**2 EL (30 ml) Balsamico**

**Sojasauce oder Tamari**

**Salz und schwarzer Pfeffer**

Den Backofen auf 200 °C vorheizen.

Alle Zutaten bis auf den Kakao, ½ Tasse (50 Gramm) Cashewkerne, 1 Teelöffel Öl, ½ Teelöffel Zimt und die Frühlingszwiebeln in einer großen Schüssel verrühren. Die Mischung in eine 20 x 28 Zentimeter große geölte Auflaufform geben. Mit den restlichen Zutaten bestreuen und 40 Minuten backen. Mit Gewürzreis, Chutney und Chilisauce servieren.

**Ergibt: 8 Portionen**

# Cuitlacoche-Empanadas

Der Cuitlacoche-Pilz trägt den wenig schmeichelhaften Namen „Maisbeulenbrand", weil er als schwarze, blasige Deformation an Maiskörnern wächst. In Mexiko gilt er als Delikatesse. Die Schokolade harmoniert bestens mit seinem milden, trüffelähnlichen Geschmack.

**1 Tasse (70 g) Cuitlacoche-Pilz, fein gehackt (ersatzweise eine andere Pilzsorte mit mildem Geschmack)**

**¼ Tasse (40 g) Zwiebeln, fein gehackt**

**⅓ Tasse (45 g) Zartbitter- oder ungesüßte Bitterschokolade in Bio-Qualität, geraspelt**

**2 EL (30 ml) Chipotle-Sauce**

**¼ Tasse (40 g) frische Maiskörner, 40 g TK-Ware oder 50 g Dosenware**

**jeweils ½ TL gemahlener Kreuzkümmel und Chilipulver**

**¼ Tasse (4 g) frisches Koriandergrün, fein gehackt**

**1 TL Limettensaft oder Apfelessig in Bio-Qualität**

**1 TL frischer Oregano, fein gehackt**

**Salz und schwarzer Pfeffer zum Abschmecken**

**1–2 EL (15–30 ml) Olivenöl**

**1 Rezept Teig für Kakao-Pie (Seite 172) ohne Zucker, stattdessen mit ½ TL Knoblauchpulver und 1 TL Backpulver**

Den Backofen auf 220 °C vorheizen.

In einer großen Schüssel alle Zutaten bis auf das Öl und den Pastetenteig verrühren. Die Mischung beiseitestellen.

Den Teig auf einer bemehlten Arbeitsfläche etwa 3 bis 6 Millimeter dick ausrollen. Dann 16 Scheiben von 10 Zentimetern Durchmesser ausstechen. Jeweils 2 Esslöffel der Pilzmischung in die Mitte geben. Zu halbmondförmigen Teigtaschen zusammenklappen, sodass etwa 6 Millimeter Rand bleiben. Diesen mit einer Gabel fest andrücken, um ein hübsches Muster entstehen zu lassen.

Jeweils mit wenig Öl bestreichen, damit sie knuspriger werden. Ohne Öl erhalten Sie eher weiche Empanadas. Auf einem leicht eingeölten Backblech 20 bis 25 Minuten backen, bis sie braun sind. Mit pikanter Tomatensauce oder Mole servieren.

**Ergibt: 12 bis 16 Empanadas**

# Schoko-Jamaica

Vermutlich verwenden Sie zum ersten Mal Hibiskusblüten, wenn Sie dieses Getränk zubereiten. Getrockneter Hibiskus heißt auf Spanisch jamaica. Sie finden ihn in Fachgeschäften für mexikanische oder karibische Küche. Hibiskus enthält, ähnlich wie Heidelbeeren, Kirschen und die Acai-Beere, viele Anthocyane.

**8 Tassen (1,9 l) Wasser**

**1 Zimtstange, fein zerdrückt**

**½ Tasse (100 g) Rohrohrzucker**

**1 Tasse (84 g) getrocknete Hibiskusblüten**

**¼ Tasse (60 ml) Zitronen- oder Limettensaft**

**½ Tasse (150 ml) Schokosirup (Seite 139)**

Wasser, Zimt und Zucker in einem großen Topf zum Kochen bringen. Die Hibiskusblüten dazugeben. Vom Herd nehmen, den Limettensaft einrühren und 1/2 Stunde ziehen lassen. Abgießen und kühl stellen. Zum Servieren 8 hohe Gläser mit Eis füllen. Pro Glas 2 Esslöffel Schokosirup einrühren.

**Variationen**: Ersetzen Sie 2 bis 4 Tassen (480 bis 960 Milliliter) Flüssigkeit durch Fruchtsaft und lassen Sie dafür den Zucker weg. Lassen Sie den Schokosirup weg. Kochen Sie dafür 1/2 Tasse (40 Gramm) Kakaopulver zusammen mit dem Wasser auf und geben Sie etwas mehr Zucker zu.

**Ergibt: 8 Portionen**

# Bloody Cocoa Mary

Ich kann diesem Cocktail einfach nicht widerstehen, aber er ist wirklich nur etwas für Menschen, die hart im Nehmen sind. Meerrettich und Schokolade sollte man eigentlich nicht mischen und Wodka gehört auch nicht gerade zu den Heilwässern. Doch mittlerweile wissen wir ja, dass eine kleine Menge Alkohol dann und wann dem gesunden Körper nicht schadet. Und hier haben Sie die einzigartige Gelegenheit, hochprozentige Schokolade zu trinken! Wenn Sie generell keinen Alkohol trinken, finden Sie unter „Variationen" leckere Alternativen.

**2 EL (10 g) Kakaopulver in Bio-Qualität**

**2 Tassen (480 ml) Gemüsesaft (mit möglichst hohem Tomatenanteil)**

**2 EL (30 ml) Zitronensaft**

**1 EL (3 g) sonnengetrocknete Tomaten, fein gehackt**

**1 TL Balsamico**

**1 TL Tamari**

**1 TL Meerrettich, fein geraspelt**

**1 TL frische Ingwerwurzel, fein geraspelt**

**schwarzer Pfeffer zum Abschmecken**

**120–175 ml Wodka**

*Zum Garnieren:* abgeriebene Schokoladenlocken, eingelegter Spargel, Oliven, Karottensticks oder Zitronenschale

Alle Zutaten vom Kakaopulver bis hin zum schwarzen Pfeffer in einen Mixer geben und verrühren. In 2 Gläser Eiswürfel geben, den Wodka darübergießen. Mit der Gemüsesaftmischung auffüllen und umrühren.

Mit eingelegtem Spargel, Oliven, Karotten und Zitronenschale garnieren. Zum Schluss die Schokoladenlocken darüberstreuen.

**Variationen**: Wenn Sie keinen Alkohol mögen, können Sie für diesen Drink Gurkensaft oder Aloe vera-Saft verwenden. Auch Kaktussaft oder Kombucha eignen sich ganz hervorragend! So erhält der Drink noch mehr Nährstoffe und Sie müssen sich wegen des Alkohols keine Sorgen machen.

**Ergibt: 2 Portionen**

# Start in den Tag auf Miso-Art

In Japan gehört Miso-Suppe zu jedem guten Frühstück. Experimentieren Sie mit dieser reichhaltigen und wahrhaft sündig leckeren Kombination von Miso und Schokolade. Der Fermentationsprozess von Miso steigert vermutlich den Gehalt an Antioxidantien. Zudem enthält Miso so viele Mineralstoffe, dass diese Suppe durchaus als pflanzliche Vitalstoff-Spritze gelten kann. Und Sie dürfen sie natürlich auch abends genießen.

**5 Tassen (1,2 l) Pilz- oder Gemüsebrühe, alternativ Wasser mit 1–2 Brühwürfeln**

**⅓–½ Tasse (35–50 g) Kakaopulver in Rohkostqualität**

**1 TL Chilischote, fein gehackt**

**1 TL frische Ingwerwurzel, geraspelt**

**1 Knoblauchzehe, fein gehackt**

**¼ Tasse (65 g) Misopaste (oder weniger, wenn Sie nicht viel Salz zu sich nehmen wollen)**

**225 g Tofu, in kleine Würfel geschnitten**

**½ Tasse (50 g) Frühlingszwiebeln, fein gehackt**

**2–3 EL (30–45 ml) Agavendicksaft oder 15–25 ml Kokosblütennektar (wahlweise)**

**Zitronensaft (wahlweise)**

**Zitronenspalten**

Die Brühe mit Kakao, Chili, Ingwer und Knoblauch in einem großen Topf zum Kochen bringen. Anschließend 10 Minuten köcheln lassen, dabei gelegentlich umrühren. Das Miso in der Suppe gründlich verrühren. Tofu und Frühlingszwiebeln dazugeben und weitere 3 bis 4 Minuten köcheln lassen. Wenn Sie Süßungsmittel verwenden, können Sie diese jetzt einrühren. Vom Herd nehmen und, falls gewünscht, mit Zitronensaft verfeinern. Mit Zitronenspalten garniert in Schalen servieren.

**Ergibt: 4 Portionen**

# Avocado-Kakao-Mousse mit indischer Gewürzcreme

Die nordindische Gewürzmischung Panch Phoron enthält traditionell Samen von Liebstöckel, Schwarzkümmel, Bockshornklee, Fenchel sowie Senf und manchmal auch Kreuzkümmel. Dieses Gericht ist durch die enthaltenen Cannellini-Bohnen zudem ein köstlicher Weg zu mehr Eisen, Protein und Ballaststoffen.

*Für die Mousse:*

**3 Avocados, entkernt und geschält**

**2 EL (30 ml) Zitronensaft**

**⅓ Tasse (80 g) Kokossahne oder 60 g Brei aus gekochten und zerdrückten Cannellini-Bohnen**

**Salz zum Abschmecken**

**⅓ Tasse (30 g) Kakaopulver**

**2 EL (30 ml) Olivenöl**

*Für die Creme:*

**1 EL (7 g) Panch-Phoron-Gewürzmischung**

**1 Tasse (180 g) Brei aus gekochten Cannellini-Bohnen oder 240 g Kokossahne, alternativ eine Kombination aus beidem**

**Salz und weißer Pfeffer**

**1 EL (15 ml) Zitronensaft**

**2 EL (30 ml) Olivenöl (wahlweise die Hälfte durch Trüffelöl ersetzen)**

**2 Knoblauchzehen**

**¼ Tasse (25 g) Kakaopulver**

*Für die Pilze:*

**1 Tasse (70 g) gemischte wilde Pilze, klein geschnitten**

**1 EL (10 g) Zwiebeln, fein gehackt**

**1 Knoblauchzehe, fein gehackt**

**2 EL Olivenöl**

**½ TL frischer Thymian, fein gehackt**

**1 TL Balsamico (oder Schokoladen-Balsamico-Reduktion von Seite 107)**

**Salz und schwarzer Pfeffer**

**30 g Bitterschokolade in Bio-Qualität**

*Mousse:* Alle Zutaten in der Küchenmaschine zu einer glatten, cremigen Masse verrühren. Nach Belieben mit Salz abschmecken und kühl stellen.

*Creme:* Die Gewürzmischung 2 Minuten in einer trockenen Pfanne bei mittlerer Hitze anrösten. Mit den restlichen Zutaten in der Küchenmaschine zu einer glatten Masse verarbeiten und mit Salz und Pfeffer abschmecken.

*Pilze*: Die Pilze mit Zwiebeln und Knoblauch in einer Pfanne auf mittlerer Flamme etwa 1 Minute in Öl anbraten. Die restlichen Zutaten dazugeben, weitere 2 Minuten braten und mit Salz und Pfeffer abschmecken.

Die Mousse in 6 breiten Gläsern anrichten: 1 Esslöffel Mousse auf den Boden geben. Von den Seiten mit Pilzmasse auffüllen und einen Tupfer Creme in die Mitte geben. Die dunkle Schokolade darüberraspeln und genießen!

**Ergibt: 6 Portionen**

# Schokosirup

Mit diesem Sirup können Sie Ihre Drinks ganz nach Geschmack verfeinern.

**1 Tasse (240 ml) Wasser**
**½–1 Tasse (100–200 g) Vollrohrzucker**
**1 Tasse (80 g) Kakaopulver in Bio-Qualität**
**2½ EL (40 ml) Agavendicksaft oder Ahornsirup**
**1 Prise Salz**
**1 TL Vanillepulver**

Wasser, Zucker, Kakao, Agavendicksaft und Salz in einem mittelgroßen Topf mit schwerem Boden verrühren und zum Kochen bringen. Etwa 10 Minuten köcheln lassen, bis die Mischung andickt. Dabei gelegentlich umrühren. Vanille dazugeben und abkühlen lassen.

**Variationen**: Statt Wasser und Zucker können Sie 1½ Tassen (360 Milliliter) Fruchtsaft verwenden und den Sirup 15 bis 20 Minuten köcheln lassen. Eine gute Wahl sind: Kirsch-, Granatapfel-, Brombeer- oder Heidelbeersaft.

**Ergibt: 8 Portionen**

# Triple-Schoko-Bruschetta

Wer Schokolade in jeder Form genießen möchte, wird bei diesem Rezept auf seine Kosten kommen! Die leicht süß-säuerliche Note der reifen Tomaten verbindet sich mit den Schokoaromen. Was nicht nur eine Wohltat für Ihren Gaumen, sondern für Ihren ganzen Körper ist, denn die Fettsäuren des Kakaos unterstützen die Verwertung des Tomaten-Lykopins.

**¼ Tasse (45 g) Kalamata-Oliven, entsteint und klein geschnitten**

**¼ Tasse (25 g) Bitterschokolade in Bio-Qualität, fein abgerieben**

**½ Tasse (90 g) vollreife Eiertomaten, klein geschnitten, ohne Wasser und Kerne**

**¼ Tasse (45 g) gegrillter roter Paprika, klein geschnitten**

**1 EL (10 g) rote Zwiebeln, fein gehackt**

**1 Knoblauchzehe, fein gehackt**

**1 EL (3 g) frisches Basilikum, fein gehackt**

**1–2 EL Olivenöl**

**2 EL Kapern**

**1 TL Schokoladen-Balsamico-Reduktion (Seite 107)**

**Salz und frisch gemahlener schwarzer Pfeffer zum Abschmecken**

**½ Tasse (65 g) geschmolzene Zartbitterschokolade in Bio-Qualität, vermischt mit 1 TL Tomatensauce**

**12–16 geröstete Baguettescheiben**

In einer großen Schüssel alle Zutaten von den Oliven bis hin zu Salz und Pfeffer vorsichtig vermengen. Beiseitestellen.

Eine Seite der Baguettescheiben in die geschmolzene Schokolade tauchen und auf Küchenkrepp abkühlen lassen. Sobald die Schokolade fest ist, jeweils 1 Esslöffel der Tomatenmischung daraufgeben und sofort servieren. Schmeckt einfach traumhaft!

**Ergibt: etwa 6 Portionen**

# KAPITEL 6

# Der Megasnack: Kakao erhöht die körperliche Leistungsfähigkeit

1953 machten sich der nepalesische Sherpa Tenzin Norgay und der neuseeländische Bergsteiger Edmund Hillary daran, den höchsten Gipfel der Welt, den Mount Everest oder auf Tibetisch Chomolungma, zu besteigen. Die ersten Mount-Everest-Expeditionen hatten dreißig Jahre zuvor stattgefunden. Niemand hatte bis zu ihrem Aufbruch offiziell den Gipfel erreicht, und der Berg hatte bereits zwei Menschen das Leben gekostet. Auch für Norgay und Hillary war die Lage schwierig. Sie saßen zwei Tage lang in einem Zelt auf mehr als 7900 Metern Höhe fest und warteten, dass sich das Wetter besserte. Schließlich klarte es auf, und die beiden schafften, was vor ihnen noch niemand geleistet hatte: Sie standen schließlich auf dem Gipfel des höchsten Bergs der Welt, wenn auch nur für fünf Minuten. Hillary stellte ein Kreuz als Zeichen des Dankes auf, bevor sie sich an den gleichermaßen gefährlichen Abstieg machte. Und was tat Norgay? Auch er hinterließ eine Opfergabe: Schokolade.

Ich stelle mir Norgay und Hillary gern vor, wie sie in ihrem Zelt unterhalb des höchsten Gipfels der Welt ausharren und miteinander Schokolade essen, um sich auf das Unbekannte vorzubereiten. Und dass sie bei dieser Expedition ausgerechnet Schokolade als Proviant dabei hatten, ist kein Zufall. Selbst als man über Kakao noch nicht all das wusste, was wir heute wissen, galt Schokolade bereits als gute Nahrung für Bergsteiger, Outdoor-Sportler und Soldaten. Und in präkolumbianischer Zeit war Kakao ein wichtiger Energielieferant für eine andere Form der intensiven körperlichen Betätigung: Er war die Power-Nahrung der aztekischen Krieger. Sie stärkten sich im tropischen Klima mit einem schaumigen Getränk, das mit Norgays und Hillarys Schokoriegeln sicherlich wenig gemein hatte. Aber zumindest mussten sie sich keine Sorgen machen, dass die Leckerei vielleicht schmelzen könnte! Damals glaubte man, dass die Kraft, welche der Kakao verleiht, direkt vom verehrten Gott Quetzalcoatl kommt. Wie dem auch sei, Kakao stärkt heute den Freizeitsportler, wie er damals den beiden Bergsteigern half und noch früher dem aztekischen Krieger.

Die Beliebtheit unter Leistungssportlern (aller Zeiten) hat verschiedene Gründe: Sie hat eine hohe Kalorien- und Nährstoffdichte. Sie liefert in geringen Dosen Stimulanzien wie Theobromin und Koffein, die das körperliche Leistungsniveau aufrechterhalten. Darüber hinaus sorgt sie für eine Weitung der Blutgefäße, wodurch mehr Sauerstoff zu den Muskeln gelangt. Und zu alledem schmeckt sie auch noch gut. Ich habe mit Schokolade auf langen Radtouren oder Wanderungen durch die Wildnis schon so manchen Durchhänger überwunden. Einmal war ich in den Bergen von Montana mit dem Mountainbike unterwegs und hatte mir genau überlegt, was ich zum Essen mitnehme, da die Gegend dünn besiedelt ist und selbst kleine Läden eine Seltenheit sind. Ich war schon mehr als 200 Kilometer am Stück gefahren. Nachdem ich wieder mal einen richtig harten Tag hinter mir hatte und mir ein Abendessen zubereitete, verspeiste ich genüsslich ein Stück dunkle Schokolade. Der beste Weg, den Tag zu beenden.

## Kakao oder wie man aus einem pflanzlichen Superfood Energie gewinnt

Wann immer ich mit Sportlern arbeite, fällt mir vor allem Eines auf: Sie essen häufig nicht genug, um für ihr Work-out die entsprechende Energie aufzubringen. Extremsportler z. B. mit Dauerbelastung verbrauchen bis zu 8000 Kalorien am Tag! Darüber hinaus achten die wenigsten Sportler darauf, woher sie diese Kalorien beziehen. Es ist ein Mythos zu meinen, dass sich Sportler, weil sie körperlich fit sind, um ihre Ernährung und die Gefahr eventueller chronischer Krankheiten nicht scheren müssen. Natürlich reduzieren Sie Ihr Krankheitsrisiko durch sportliche Betätigung, doch es gibt andere Risikofaktoren wie eine vitalstoffarme Ernährung, hohe Cholesterinwerte und die genetische Disposition, die Sie dadurch nicht ausschalten können. Auch wenn Sie körperlich aktiv sind, haben Ihre Ernährung und Ihr Lebensstil enorme Auswirkungen auf Ihre Gesundheit. Kakao liefert Ihnen sowohl die Energie, die Sie brauchen, als auch die nötige Vorbeugung gegen chronische Erkrankungen.

## Die Inhaltsstoffe des Kakaos fördern die körperliche Leistungsfähigkeit

Viele Lebensmittel, die wegen ihres hohen Gehalts an sekundären Pflanzenstoffen in den Himmel gelobt werden wie Tee, Beeren oder Wein, haben keine hohe Kaloriendichte. Kakao hat beides, sodass er Ihnen auf gesunde Weise viel Energie geben kann. Der Großteil der Kalorien im Kakao stammt zwar aus Fetten, aber er enthält auch Kohlehydrate und Protein – was wiederum sportliche Aktivitäten begünstigt. Eine Menge von etwa 30 Gramm Kakaobohnen, -nibs oder -pulver enthält etwa 160 Kalorien. (Der exakte Wert ist von Sorte zu Sorte unterschiedlich. In der Regel sind die Nährwertangaben auf der Verpackung vermerkt.) Handelsübliches Kakaopulver wurde entölt, hat also weit weniger Kalorien, enthält aber immer noch die gesunden Inhaltsstoffe des Kakaos. Für kalte Trainingstage ist Kakao mit heißer Milch oder Hafer- bzw. Mandelmilch ein ideales Regenerationsgetränk.

Aber wie wir bereits wissen, besteht Kakao aus mehr als nur Kalorien und Energie. Er enthält zudem Magnesium und Eisen, die unsere körperliche Leistungsfähigkeit steigern. Und zwar auf folgende Weise:

**Magnesium:** Dieser Mineralstoff ist ein wichtiger Cofaktor bei mehr als 300 Enzymreaktionen von der Muskel- und Nervenfunktion bis hin zur Proteinsynthese und Zellreparatur. Magnesium ist ein wichtiger Bestandteil der Knochenentwicklung und unterstützt die Synthese von DNS und RNS. Eine zur Wirkung von Magnesium durchgeführte Studie hat gezeigt, dass es bei der Muskelentwicklung und auch im Krafttraining eine bedeutende Rolle spielt. Trotzdem nehmen Sportler häufig zu wenig Magnesium zu sich. Dieselbe Studie ergab, dass die Kraftparameter bei trainierten Sportlern in verschiedenen Leistungstests deutlich nachlassen, wenn der Magnesiumspiegel zu niedrig ist. Das liegt an seiner bedeutsamen Rolle im Energiestoffwechsel sowie bei der Muskelkontraktion und -entspannung.

Während eines moderaten Trainings hingegen hat ein zu niedriger Magnesiumspiegel zur Folge, dass der Sportler mehr Energie aufnehmen muss. Die kardiovaskulären Funktionen sind entsprechend beeinträchtigt. Kakao ist eine gute Magnesiumquelle: Eine Portion von etwa 30 Gramm enthält fast ein Viertel des empfohlenen Tagesbedarfs und damit mehr als eine Portion Mandeln oder Spinat, die ebenfalls gute Magnesiumquellen sind. Kakao ist ein köstlicher Weg, sich mit diesem so wichtigen Mineralstoff zu versorgen, wenn Sie mehr Sport treiben, weil Sie damit gleichzeitig wohltuende Antioxidantien zu sich nehmen.

**Eisen:** Dass Sportler häufig eine Eisenmangelanämie haben, ist bekannt. Davon betroffen sind vor allem Frauen vor der Menopause. Eisen ist Teil des Hämoglobinmoleküls, das für den Transport von Sauerstoff zuständig ist. Es gehört zum Ferritinkomplex in den Zellen. Eisenmangel ist weltweit eine der häufigsten Mangelerkrankungen und zeigt sich vor allem in Erschöpfungszuständen. Diese aber sind der natürliche Feind jeglicher Form von körperlicher Aktivität. Kakao enthält eine gute Portion Eisen, die Sportler vor, während und nach dem Work-out mit Energie versorgen kann. Aber auch die Eisenaufnahmefähigkeit des Körpers ist dabei von Bedeutung. Diese steigt an, wenn immer nur kleine Mengen Eisen konsumiert werden, wie dies beim Kakao der Fall ist. Daher ist es günstig, Eisen über den Tag verteilt aus verschiedenen Quellen zu beziehen.

## Mit anregender Wirkung: Koffein und Theobromin im Kakao

Kakao enthält kleine Mengen der anregenden Stoffe Koffein und Theobromin. Koffein ist übrigens auch ein natürlich wirksames Mittel gegen Insektenbefall bei Pflanzen. Wer bereits Koffein in Form von Kaffee, Tee oder Energydrinks konsumiert, wird die Extradosis im Kakao vermutlich gar nicht bemerken. Andere Menschen hingegen essen am Nachmittag ein Stück dunkle Schokolade und verbringen anschließend eine schlaflose Nacht! Wie für andere Kakaozubereitungen gilt auch hier: Je dunkler sie sind, desto höher ist der Koffein- bzw. Theobromingehalt. Aber auch Folgendes ist eine Überlegung wert: Je höher der Kakaogehalt in Ihrer Schokolade ist, desto geringer die Wahrscheinlichkeit, dass Sie gleich die ganze Tafel verputzen, weil der Kakao einen intensiven Eigengeschmack hat. In 100 Gramm dunkler Schokolade sind etwa 80 Milligramm Koffein enthalten, so viel wie in 175 Millilitern Kaffee, also fast einer ganzen Tasse. Eine Portion von etwa 30 Gramm enthält folglich annähernd 25 Milligramm Koffein – weniger als in 90 Milliliter grünem Tee enthalten ist.

Theobromin ist ein Alkaloid, das eine anregende Wirkung auf das Nervensystem hat. Es findet sich nur in Kakao, Teeblättern und der Kolanuss. Theobromin gehört wie Koffein zu den Methylxanthinen, wirkt aber sanfter. Es erweitert die Gefäße, entwässert den Körper und stimuliert das Herz. Welche Auswirkungen dies auf die körperliche Leistungsfähigkeit hat, wird derzeit noch untersucht.

Dass Koffein für Sportler bei Sprints, Ausdauer- und Krafttraining sinnvoll ist, belegen zahlreiche Studien. Zu viel Koffein führt allerdings häufig zu Reizbarkeit, Zittern, Ängstlichkeit, Übelkeit, Muskelkrämpfen, ja unter Umständen sogar zum Tod. Die in Kakao enthaltene Menge Koffein und Theobromin reicht aus, um eine für Sportler positive physiologische Wirkung zu erzielen, ohne dass Überreaktionen befürchtet werden müssen.

## Kakao verbessert den Blutfluss

Beim Prozess der sogenannten Vasodilatation entspannen und weiten sich die Gefäße, wodurch der Blutfluss erhöht wird und mehr Sauerstoff schneller zu den Muskeln transportiert werden kann. Mehr Sauerstoff und eine schnellere Sauerstoffversorgung ermöglichen es den Muskeln, eine intensivere Belastung über längere Zeit aufrechtzuerhalten. Zudem sorgt der gesteigerte Blutfluss auch für Abkühlung während der körperlichen Aktivität.

Spitzensportler suchen daher stets nach Methoden, die Vasodilatation zu steigern, und greifen mitunter zu illegalen Substanzen. Doch auch mit natürlichen und zudem legalen Mitteln kann dieser Effekt auf gesunde Weise erzeugt werden. Rote Bete und Rote-Bete-Saft sind dafür sehr gut geeignet und bei Sportlern entsprechend beliebt. Rote Bete und, in geringerem Ausmaß, Spinat und Karotten steigern den Blutfluss aufgrund ihres Nitratgehalts. Rote Bete liefern natürliche Nitrate, die zu Stickstoffmonoxid umgewandelt werden, was wiederum die Vasodilatation steigert. (In dem Reichhaltigen Borschtsch mit feiner Kakaonote, Seite 73, haben wir die gesunden Vorzüge von Kakao und Roter Bete in einem Gericht vereint.)

Eine Studie der *Harvard Medical School* ergab, dass Kakao den Blutfluss steigert, weil seine Flavanole die Stickstoffmonoxid-Synthese im Endothel fördern. Auch das im Kakao enthaltene Theobromin regt den Blutfluss an. Dies wirkt sich natürlich auch und vor allem bei körperlicher Aktivität aus, weshalb der Verzehr von Kakao vor, während und nach dem Work-out sinnvoll ist.

## Kakao: Besser regenerieren mit sekundären Pflanzenstoffen

Dieselben sekundären Pflanzenstoffe, die uns vor allerlei chronischen Erkrankungen schützen, verbessern auch unsere körperliche Leistungsfähigkeit. Flavanole und andere Inhaltsstoffe des Kakaos reparieren beschädigte Zellen und reduzieren freie Radikale, was vor allem für Sportler wichtig ist, die ja ständig Muskelmasse aufbauen oder regenerieren müssen und somit unter oxidativem Stress stehen. Sportler, die sich pflanzlich ernähren, wie beispielsweise der Marathonläufer Scott Jurek und Hochleistungsathlet Rich Roll, verfügen über eine unglaubliche Regenerationsfähigkeit nach extremen sportlichen Leistungen, Trainingseinheiten oder Wettkämpfen.

Der durch das Training hervorgerufene oxidative Stress beschädigt die DNS in den Mitochondrien, aber auch Zellwände und Gewebe durch freie Radikale – und genau diese Vorgänge wollen wir möglichst vermeiden. Doch was können Sportler dagegen tun? Sie können so viele sekundäre Pflanzenstoffe wie möglich zu sich nehmen – durch den Verzehr von Kakao, Obst und Gemüse in großen Mengen. Dadurch kann durch körperliche Anstrengung verursachter oxidativer Stress bereits weitgehend reduziert werden. Die Anzahl freier Radikale sinkt, ihre Zellen werden schneller repariert und ihre Regenerationszeit vermindert sich. Je schneller Sie sich nach einem harten Training regenerieren (wenn Sie z. B. 100 Meilen in weniger als 24 Stunden laufen, wie Scott Jurek dies tut), desto eher können Sie mit dem nächsten Training beginnen. Bei Normalform gilt: Je mehr Sie trainieren, desto fitter werden Sie. Schnellere Regeneration führt schnell zu mehr Fitness.

## Praktische Tipps

- Sportler sind oft besonders streng mit sich selbst und verzichten daher auf leckeres Essen. Mit Kakao können Sie beides haben: Geschmack und gesteigerte Leistungsfähigkeit.
- Wie wär's denn mit kakaohaltigen Smoothies? Nehmen Sie 1 Tasse (240 Milliliter) Veggie-Milch, 1 Banane, 1 Tasse (225 Gramm) TK-Obst, 1 Esslöffel Nussmus und 1 Esslöffel Kakaopulver in Rohkostqualität. Im Mixer glatt pürieren. Mit Kakao schmeckt einfach jeder Smoothie besser. Experimentieren Sie einfach drauflos und stellen Sie sich nach Ihrem Geschmack Ihre eigenen Smoothie-Kreationen zusammen.
- Schokolade hat einen niedrigen Schmelzpunkt, Kakaonibs jedoch nicht. Nehmen Sie also Kakaonibs mit, wenn Sie wandern gehen oder längere Radtouren machen. Dann müssen Sie sich nicht über geschmolzene Schokolade ärgern.
- Wenn Sie über mehrere Stunden eine hohe Belastungsintensität aufrechterhalten müssen, dann ist Schokolade dank ihrer hohen Kaloriendichte eine ideale Energiequelle. Ich liebe Schokoriegel mit Nüssen und Früchten. Sie sollten allerdings nicht zu viel auf einmal essen! Ich achte immer darauf, nicht mehr als ca. 30 Gramm auf einmal zu mir zu nehmen, und das nicht mehr als einmal pro Stunde.
- Sportliche Belastungen müssen nicht immer eine hohe Intensität haben. Suchen Sie sich einfach etwas aus, das Sie gerne tun, und machen Sie es dafür einfach öfter. Wenn Sie schon immer gerne mal Judo machen wollten oder Schwimmen, dann belegen Sie einen Kurs. Wenn eine bestimmte Sportart Ihnen Spaß macht, dann bleiben Sie dabei. Gehen Sie damit um wie mit gesundem Essen.
- Nach dem Sport sollten Sie etwas essen, um die verlorenen Kalorien zu ersetzen. Nahrung mit einem hohen Anteil an sekundären Pflanzenstoffen wie Kakao oder Beeren hilft, die vom harten Training beschädigten Zellen zu reparieren. Jedes Rezept in diesem Buch ist dafür geeignet!

# Kakao für Ihre Fitness

Double Pain au Chocolat **152**

Süßkartoffelbrei mit Kakao **153**

Schoko-Ananas-Frühlingsrollen **154**

Klassische Frühlingsrollen **155**

Paprikapizza mit geschmolzener Schokolade **156**

Dreierlei Pâté mit Kakao **158**

Haselnuss-Schokopudding **161**

Doppelt schokoladige Sauce **162**

Kakao-Tempura-Gemüse **162**

Vegane Chocolate Cookies **164**

Dolmades mit Schoko-Rosinenreis und Kokos-Tsatsiki **166**

Schoko-Wan Tan **167**

Aprikosen-Brownies mit Betakarotin **168**

Schoko-Chili-Kuchen **169**

Trifle-Genuss **171**

Kakao-Pie **172**

Cashew-Kalzium-Shake **172**

Plum Pudding Pie **173**

Kakao-Kokoscreme **173**

Heidelbeer-Kakao-Energiekugeln **174**

Hafer-Kokos-Schokoriegel **175**

Kokos-Brownie-Shortbread **176**

Kakao-Power-Riegel **178**

Kakao-Zucker-Peeling **179**

# Double Pain au Chocolat

Jetzt wollen wir unsere Kochkünste nutzen und Schokobrot machen. Gibt es etwas Besseres als selbst gemachtes Brot mit Kakao und dunkler Schokolade?

**1 TL Trockenhefe**
**¾–1 Tasse (180–240 ml) warmes Wasser**
**1 EL (15 ml) Olivenöl**
**1 TL Salz**
**2 TL Zitronensaft**
**⅓ Tasse (30 g) Kakaopulver in Bio-Qualität**
**2 Tassen (250 g) Weizenmehl Typ 550**
**230 g Bitterschokolade in Bio-Qualität, geraspelt**

Die Hefe mit dem warmen Wasser und dem Olivenöl in einer großen Schüssel verrühren und 10 Minuten ruhen lassen. Dann Salz, Zitronensaft, Kakaopulver und Mehl einrühren und zu einem glatten Teig verkneten. Weitere 5 Minuten durchkneten. Den Teig zugedeckt an einem warmen Ort ruhen lassen, bis sich sein Volumen verdoppelt hat, was etwa 2 Stunden dauert.

Den Teig zusammendrücken und auf einer gefetteten Arbeitsfläche zu zwei 30 Zentimeter langen Rollen formen. Mit eingeölter Frischhaltefolie bedecken und noch einmal 2 Stunden gehen lassen. Herunterdrücken, verkneten und erneut zu zwei baguetteähnlichen Rollen formen. Mit einem Messer an der Oberfläche in regelmäßigen Abständen tief einschneiden.

Den Backofen auf 230° C vorheizen.

Die Laibe auf einem eingeölten Backblech oder in Baguetteformen erneut 10 Minuten gehen lassen, während der Ofen vorheizt. Mit etwas Wasser besprengen und etwa 20 Minuten backen, bis die Kruste braun und knusprig ist. Dann 10 Minuten auf einem Drahtgitter abkühlen lassen und anschließend der Länge nach aufschneiden. Die Schokoraspeln hineingeben und wieder zusammenklappen. In Scheiben schneiden und frisch servieren.

**Ergibt: 8 Portionen**

# Süßkartoffelbrei mit Kakao

Die orangeroten und betakarotinreichen Süßkartoffeln lassen sich wunderbar zu Kartoffelpüree verarbeiten. Sie enthalten viele gesunde Ballaststoffe und eine gute Portion Kalium. Ihr süßlich-erdiger Geschmack harmoniert bestens mit jeder beliebigen Kakaosorte.

**¼ Tasse (40 g) Zwiebeln, in Würfel geschnitten**

**2–3 EL (30–45 ml) Oliven- oder Kokosöl in Rohkostqualität**

**3 Tassen (680 g) Süßkartoffeln, gekocht und noch warm**

**2 Knoblauchzehen, fein gehackt**

**½ TL Koriandersamen, zerdrückt**

**¼ Tasse (60 g) Kokossahne**

**1 EL (16 g) Chipotle-Paste**

**¼ Tasse (20 g) Kakaopulver in Bio-Qualität**

**¼ Tasse (60 ml) Ananassaft**

**Salz und schwarzer Pfeffer zum Abschmecken**

**1–2 EL (1–2 g) frisches Koriandergrün, fein gehackt**

Die Zwiebeln in 1 Esslöffel (15 Milliliter) Öl mit etwas Salz und Pfeffer in einer mittelgroßen Pfanne auf mittlerer Flamme etwa 3 bis 4 Minuten braun anbraten und beiseitestellen.

Die gekochten Süßkartoffeln in einer großen Schüssel mit dem Knoblauch vermengen. Das restliche Öl, die angebratenen Zwiebeln, Koriander, Kokossahne, Chipotle-Paste, Kakao und Ananassaft unterziehen. Mit Salz und Pfeffer abschmecken. Mit Koriandergrün bestreuen und sofort auf den Tisch bringen.

**Variationen**: Kakaopulver in Rohkostqualität ergibt einen herberen Geschmack, aber Sie können auch etwas Süßungsmittel zu dem Süßkartoffelbrei geben. Oder Sie nehmen Ihre Lieblingskräuter und hacken sie zusammen mit dem Koriander klein.

**Ergibt: 4 Portionen**

# Schoko-Ananas-Frühlingsrollen

Ananas enthält viel Mangan, Vitamin C und Ballaststoffe. In diesem Rezept ist sie mit Kakao kombiniert. Sehr lecker!

**1 EL (8 g) Sesamsamen**
**½ Tasse (80 g) frische Ananas, klein geschnitten**
**⅓ Tasse (45 g) Zartbitterschokolade in Bio-Qualität, geraspelt**
**2 EL (20 g) rote Zwiebeln, klein gehackt**
**¼ Tasse (30 g) Karotten, grob geraspelt**
**2 EL (5 g) frisches Thai-Basilikum, fein gehackt**
**2 EL (2 g) frisches Koriandergrün, fein gehackt**
**2 EL (12 g) Frühlingszwiebeln, in feine Röllchen geschnitten**
**1 TL frische Ingwerwurzel, geraspelt**
**½ TL abgeriebene Limettenschale (nur von einer Bio-Limette!)**
**1 TL Reisessig**
**1 TL Tamari oder Sojasauce**
**16 Teigblätter für Frühlingsrollen (15 x 15 cm groß)**
**1 Tasse (250 g) gewürzter Tofu (möglichst auf asiatische Art), in Streifen geschnitten**
**¼ TL getrocknete Chilischoten oder 1 TL frische Chilischoten, fein gehackt (wahlweise)**
**Salz und Pfeffer zum Abschmecken**
**Erdnuss- oder Traubenkernöl**

Die Sesamsamen in einer trockenen Pfanne bei mittlerer Hitze 2 bis 3 Minuten anrösten, dabei regelmäßig umrühren, bis sie braun sind.

Alle anderen Zutaten bis auf Salz, Pfeffer, Teigblätter und Öl vermengen. Mit Salz und Pfeffer abschmecken.

Dann jeweils 1 Teigblatt auf ein Schneidbrett oder eine andere flache Arbeitsfläche legen. Dabei zeigt eine Spitze zu Ihnen. Etwa 5 Zentimeter von der Spitze zur Mitte hin 2 Esslöffel von der Füllung verstreichen. Das Teigblatt von „Ihrer" Ecke aus zur gegenüberliegenden eng aufrollen. Nachdem Sie etwa ein Drittel des Teigs eingerollt haben, die Spitzen rechts und links einwärts über die Füllung falten. Weiter aufrollen. Mit den übrigen Teigblättern ebenso verfahren.

Werden die Rollen frittiert, die Fritteuse etwa 10 bis 13 Zentimeter hoch mit Fett füllen und auf 180 °C erhitzen. Nur so viele Rollen in den Topf geben, dass diese einander nicht berühren. Nacheinander jeweils 2 bis 3 Minuten lang frittieren. Dabei einmal mit einer Zange wenden. Auf Küchenkrepp abtropfen lassen.

Wenn Sie keine Fritteuse besitzen, füllen Sie eine tiefe Pfanne oder einen Wok 5 Zentimeter hoch mit Öl. Bei mittlerer Hitze erwärmen und die Rollen portionsweise darin braun backen wie oben beschrieben.

Wenn Sie die Rollen braten wollen, bräunen Sie sie portionsweise in einer etwa 0,5 bis 1 Zentimeter hoch mit Öl gefüllten Pfanne. Nach etwa 1 Minute wenden, sodass sie von allen Seiten braun werden.

Mit Schokoladen-Balsamico-Reduktion (Seite 107), Chilisauce oder einem süßen Chutney servieren. Sie können natürlich auch alle drei auf den Tisch bringen.

**Ergibt: 8 Portionen**

## Klassische Frühlingsrollen

Geben Sie mehr Kräuter, vor allem frische Minze, hinzu und verwenden Sie Reisteigblätter. Diese müssen allerdings vor der Verwendung kurz gewässert werden. Lassen Sie Wasser über die Reisblätter laufen oder tauchen Sie diese kurz in kaltes Wasser. Wasser abschütteln und das Teigblatt auf eine trockene Oberfläche legen. Setzen Sie 2 Esslöffel Füllung auf jedes Teigblatt, mit etwa 2,5 Zentimetern Abstand zu dem Teigrand, der zu Ihnen zeigt. Etwa 30 Sekunden warten, damit der Teig sich rollen lässt. Dann aufrollen wie oben beschrieben. Reisteigblätter sind allerdings meist rund.

Erfahrungsgemäß bedarf es mehrerer Versuche, bis man den richtigen Dreh herausgefunden hat. Wenn Sie zu lange warten, wird das Teigblatt klebrig. Rollen Sie es zu früh ein, bricht es. Nach dem Braten servieren wie oben beschrieben. Frühlingsrollen lassen sich günstig herstellen und können mit allen möglichen frischen Gemüse- und Salatsorten gefüllt werden.

# Paprikapizza mit geschmolzener Schokolade

Was wäre ein Kochbuch ohne ein Pizzarezept? Mit der geschmolzenen Schokolade darüber schmeckt diese Paprikapizza absolut göttlich!

*Für den Teig:*

**1 Tütchen Trockenhefe**

**⅔ Tassen (160 ml) warmes Wasser (nach Bedarf mehr oder weniger)**

**2½ Tassen (320 g) Weizenmehl Type 550**

**⅓ Tasse (30 g) Kakaopulver in Bio-Qualität**

**1 TL Knoblauchpulver**

**1 TL Salz**

**2 EL (30 ml) Olivenöl**

**1 TL Knoblauchgranulat**

**¼ Tasse (35 g) Maisgrieß**

*Für die Sauce:*

**1 Tasse (240 g) Tomatensauce oder 240 g stückige Tomatenpassata**

**¼ TL Salz**

**⅓ Tasse (30 g) Kakaopulver in Bio-Qualität**

**⅓ Tasse (60 g) gegrillter roter Paprika**

**1 TL Balsamico**

**1 EL (15 ml) Olivenöl**

**2 Knoblauchzehen, fein gehackt**

**½ TL getrockneter oder 1 TL frischer Oregano**

*Für den Belag:*

**1 Tasse (150 g) roter Paprika, in dünne Scheiben geschnitten (auch hier schmeckt er gegrillt am besten)**

**1 Tasse (110 g) Veggie-Käse nach Wahl, geraspelt**

**1 TL Kapern**

**⅓ Tasse (55 g) rote Zwiebeln, in Würfel oder Ringe geschnitten**

**½ Tasse (60 g) schwarze oder Kalamata-Oliven, ohne Stein, in dünne Scheiben geschnitten**

**⅓ Tasse (10 g) Basilikumblätter, klein geschnitten**

**¼–½ Tasse (25–50 g) Bitterschokolade in Bio-Qualität, in dünne Blätter geschnitten**

*Teig*: In einer großen Schüssel die Hefe in warmem Wasser auflösen und 10 bis 15 Minuten ruhen lassen. Die restlichen Teigzutaten dazugeben und verkneten. Falls nötig, mehr Mehl verwenden. Der Teig sollte fest sein und sich gut ausrollen lassen. Einige Minuten durchkneten. Dann in eine Schüssel legen, mit

*(Fortsetzung auf Seite 158)*

einem Tuch bedecken und 45 Minuten oder länger gehen lassen. Die Teigmenge reicht für mehrere Pizzas aus.

*Sauce:* Alle Zutaten im Mixer pürieren und nach Belieben abschmecken. Beiseitestellen.

*Pizza*: Den Backofen auf 220 °C vorheizen. Einen Pizzastein oder eine geeignete Form leicht einölen. Mit Maisgrieß bestreuen und beiseitestellen. Ein Drittel des Teiges so ausrollen, dass er in Ihre Form oder auf Ihren Pizzastein passt. Üppig mit Sauce bestreichen und alle Zutaten für den Belag bis auf die Schokolade darauf anrichten. Etwa 25 Minuten backen. Dann die Schokostücke darüberstreuen und entweder bei Zimmertemperatur schmelzen lassen oder noch maximal 1 Minute backen. Sofort servieren.

**Ergibt: 8 Portionen**

# Dreierlei Pâté mit Kakao

Diese ungewöhnlichen Patérezepte haben einen intensiven Geschmack. Experimentieren Sie damit und variieren Sie die Aufstriche ganz nach Belieben! Servieren Sie sie mit Crackern, Toaststücken, Agavennektar, Obstscheiben (wie Birnen und Äpfeln), Rohkost, gerösteten Mandeln, Rote-Bete-Scheiben und anderen Leckereien, die Sie auch zu Frischkäse reichen würden. Miso, Sauerkraut und Apfelessig verleihen der Paté einen leicht fermentierten Geschmack.

## Miso-Kakao-Aufstrich

**¼ Tasse (65 g) Misopaste**
**⅓ Tasse (35 g) Kakaopulver**
**1 EL (15 ml) Reisessig**
**¼ Tasse (25 g) Frühlingszwiebeln, fein gehackt**
**1 EL (15 ml) Mandelöl, nativ**

Alle Zutaten in der Küchenmaschine möglichst glatt rühren. Abschmecken und kühl stellen.

**Ergibt: 4 Portionen**

## Schoko-Sauerkraut-Pastete

**115 g Bitterschokolade in Bio-Qualität**
**½ Tasse (70 g) Sauerkraut**
**2 Knoblauchzehen, gehackt**
**¼ Tasse (25 g) Würzhefeflocken**
**½ TL Salz**
**1 EL (15 ml) Olivenöl**
**1 EL (15 ml) Zitronensaft**

Die Schokolade auf niedriger Flamme im Wasserbad zum Schmelzen bringen. Vom Herd nehmen und mit den restlichen Zutaten in die Küchenmaschine geben. Glatt pürieren und kühl stellen.

**Ergibt: 4 Portionen**

## Pâté mit Curry, Kakao und Tahin

**115 g Zartbitterschokolade**
**2 EL (30 g) milde Currypaste**
**2 EL (10 g) Kakaopulver**
**je 1 EL Apfelessig undTamari**
**1 EL (7 g) Kokosmehl in Bio-Qualität**
**2 EL (16 g) geröstete Sesamsamen bzw. 1 EL (15 g) Tahin (Sesammus)**

Die Schokolade auf niedriger Flamme im Wasserbad zum Schmelzen bringen. Vom Herd nehmen und mit den restlichen Zutaten in der Küchenmaschine glatt pürieren. Kühl stellen.

**Ergibt: 4 Portionen**

# Haselnuss-Schokopudding

Haselnüsse sind höchst aromatisch und harmonieren perfekt mit dem Geschmack des Kakaos, wie wir von Schokotrüffeln und den besonders bei Kindern so beliebten Schokocremes wissen. Und obendrein passen die beiden auch wegen ihres hohen Flavanolgehalts einfach super zusammen.

**1 Tasse (130 g) geschmolzene Zartbitterschokolade in Bio-Qualität**

**⅓ Tasse (100 ml) naturreiner Haselnusssirup**

**Mark von 1 Vanilleschote**

**1–2 Prisen Salz**

**¼ Tasse (20 g) Kakaopulver in Bio-Qualität**

**2 Tassen (480 ml) Schoko-Sojamilch oder eine andere Schokoladenmilch**

**¼ Tasse (30 g) Tapiokamehl**

**geröstete Haselnüsse und hauchdünn geschnittene Schokoladenlocken zum Garnieren**

In einer großen Kasserolle bei mittlerer Hitze die geschmolzene Schokolade aufsetzen. Sirup, Vanille, Salz, Kakaopulver und 1 ½ Tassen (360 Mililiter) Schokomilch einrühren. Unter leichtem Rühren zum Köcheln bringen. Die Hitze reduzieren. Dann in einer kleinen Schüssel das glutenfreie Tapiokamehl mit der restlichen Milch anrühren. In den Pudding gießen, unter Rühren aufkochen und 10 Minuten köcheln lassen, bis der Pudding andickt. In eine große Schüssel füllen und im Kühlschrank etwa 4 bis 6 Stunden kalt stellen. Dabei immer wieder umrühren. Mit Schokoladenlocken und gerösteten Haselnüssen bestreuen und servieren. Dazu passt die Kakao-Kokoscreme (Seite 173).

**Ergibt: 4 Portionen**

# Doppelt schokoladige Sauce

Machen Sie Ihre eigene Schokoladensauce mit qualitativ hochwertiger Schokolade. Wie süß Sie Ihre Schokosauce zubereiten, bleibt ganz Ihnen überlassen. Servieren Sie die Sauce zu Eiscreme, Kuchen, Trifle oder Früchten.

- **1 Tasse (170 g) grob gehackte Zartbitterschokolade oder 175 g Zartbitter-Schokotropfen, jeweils in Bio-Qualität**
- **½ Tasse (120 ml) Schoko-, Kokos- oder Sojamilch**
- **2½ EL (40 ml) Süßungsmittel nach Wahl (Agavendicksaft, Ahornsirup oder Rohrohrzucker)**
- **2 EL (10 g) Kakaopulver in Bio-Qualität**
- **1 Prise Salz**

In einer schweren mittelgroßen Kasserolle bei niedriger Hitze die Schokolade in der Schokomilch zum Schmelzen bringen, dabei regelmäßig umrühren. Dann die restlichen Zutaten mit dem Schneebesen einarbeiten. Wenn die Mischung abkühlt, eventuell mehr Flüssigkeit dazugeben, damit die Sauce flüssig bleibt. Nachsüßen, falls gewünscht. Die Sauce kann auch im Wasserbad zubereitet werden.

**Ergibt: 6 Portionen**

# Kakao-Tempura-Gemüse

Kakao verleiht dem Ausbackteig einen feinen süßen Hauch. Brokkoli und Süßkartoffeln gehören zu den nährstoffreichsten Gemüsesorten überhaupt. Ausgebacken und in Schoko-Chilisauce getaucht sind sie eine Köstlichkeit. Ausbackgemüse ist ein fester Bestandteil der indischen und japanischen Küche – und ein kreativer Weg, gesundes Gemüse zu naschen!

*Für den Teig:*

**1 Tasse (125 g) Weizenmehl Type 550 (wahlweise zur Hälfte durch Reismehl ersetzen)**

**1 TL Salz**

**1 TL Rohrohrzucker**

**1 TL Backpulver oder Natriumbikarbonat**

**⅓ Tasse (30 g) Kakaopulver in Bio-Qualität**

**1 TL Currypulver**

**1 TL Knoblauchpulver**

**1¼ Tasse (300 ml) Bier oder Mineralwasser**

*Für das Gemüse:*

**1 Tasse (110 g) Süßkartoffeln, in dünne Scheiben geschnitten**

**1 Tasse (70 g) Brokkoliröschen**

**1 Tasse (160 g) Zwiebelringe**

**8 ganze Champignons**

**natives Pflanzenöl zum Frittieren**

*Für die Sauce:*

**⅓ Tasse (80 ml) Ihrer Lieblings-Chilisauce**

**¼ Tasse (20 g) Kakaopulver in Bio-Qualität**

**½ TL Salz**

**1 EL (15 ml) Olivenöl**

**¼ Tasse (60 ml) Apfel- oder Malzessig**

**2 Knoblauchzehen, zerdrückt**

**1 TL Zwiebelpulver**

**jeweils ½ TL Chili- und Paprikapulver**

*Teig*: Alle Zutaten in einer großen Schüssel verrühren, bis sie die Konsistenz von Pfannkuchenteig haben.

*Gemüse*: Die Gemüsesorten so in den Teig tauchen, dass sie von allen Seiten gut bedeckt sind. Möglicherweise brauchen Sie dafür mehr Teig als oben angegeben. Eine tiefe Pfanne (etwa 2,5 Zentimeter hoch) mit Öl füllen und erhitzen. Darin das Gemüse in Portionen ausbacken. Die Pfanne sollte nicht zu voll sein. Die Gemüsestücke jeweils einmal wenden. Auf jeder Seite etwa 2 Minuten backen, bis sie knusprig sind. Alternativ können Sie sie auch in der Fritteuse zubereiten. Oder im Backofen bei 220 °C, dabei vorher das Blech leicht einölen. Auch hier sollten die Stücke einmal gewendet werden. Auf Küchenkrepp abtropfen lassen.

*Sauce*: Alle Zutaten in einem Mixer oder in der Küchenmaschine pürieren. Nach Belieben abschmecken.

**Ergibt: 8 Portionen**

# Vegane Chocolate Cookies

Diese Cookies schmecken sündhaft lecker, obwohl sie weder Milch noch Eier enthalten!

**1 Tasse (125 g) Weizenmehl Type 550**
**2 TL Backpulver**
**½ Tasse (40 g) Kakaopulver in Bio-Qualität**
**½ TL Salz**
**½ Tasse (110 g) vegane Margarine (oder natives Pflanzenöl nach Wahl, z. B. Kokosöl)**
**⅔ Tasse (135 g) Rohrohrzucker**
**¼ Tasse (60 ml) Sojamilch, Mandelmilch oder eine andere Veggie-Milch (am besten mit Vanille- oder Schokogeschmack!)**
**¾ Tasse (135 g) Zartbitter-Schokotropfen in Bio-Qualität**

Den Backofen auf 180 °C vorheizen.

In einer großen Schüssel Mehl, Backpulver, Kakao und Salz vermengen. In einer anderen Schüssel Margarine, Zucker und Milch zu einer cremigen Masse verrühren. Dann die feuchten Zutaten auf die trockenen gießen und unterheben, bis ein glatter Teig entsteht. Die Schokotropfen vorsichtig unterziehen. Fangen Sie besser nicht an, vom Teig zu naschen, wenn Sie ernsthaft vorhaben, später noch fertige Cookies zu genießen!

Den Teig in 12 Kugeln aufteilen, auf ein leicht eingeöltes Backblech legen und flach drücken. Die Cookies etwa 14 Minuten backen. Dabei sollten Sie aufpassen, dass die Kekse nicht zu trocken oder zu braun werden. Am besten schmecken sie, wenn sie innen feucht und außen nicht allzu knusprig sind.

Aus dem Ofen nehmen und das Blech auf einem Drahtgitter abkühlen lassen. Die Kekse nach 2 Minuten mit einem Spatel vom Blech lösen, aber noch nicht herunternehmen. Schieben Sie sie einfach etwas herum, damit sie nicht ankleben. Noch warm servieren. Sie sind schon bei Zimmertemperatur ein Genuss, aber warm schmecken sie absolut göttlich!

**Variation**: Die Teigstücke vor dem Backen in Zimt-Zucker oder Kakao rollen.

**Ergibt: 6 Portionen**

# Dolmades mit Schoko-Rosinenreis und Kokos-Tsatsiki

Dolmades sind Weinblätter, die gewöhnlich mit Reis und Fleisch gefüllt sind. Weinblätter sind eine gute Vitamin-A-Quelle. Und das Tsatsiki aus Kokosnuss und Kakao ist unglaublich cremig!

*Für die Dolmades:*

**1 Tasse (165 g) gekochter Reis, nach Belieben gewürzt**

**¼ Tasse (40 g) Rosinen**

**2 EL (20 g) rote Zwiebeln, fein gehackt**

**1 TL frische Ingwerwurzel, fein geraspelt**

**¼ TL Salz**

**¼ TL getrocknete Chiliflocken**

**¼ Tasse (4 g) frisches Koriandergrün oder 2 EL (16 g) glatte Petersilie, jeweils fein gehackt**

**2 TL Apfelessig in Bio-Qualität**

**1 TL Olivenöl**

**¼ Tasse (30 g) Zartbitterschokolade in Bio-Qualität, geraspelt**

**2 EL (14 g) Karotten, geraspelt**

**12 ungefüllte Weinblätter (möglichst aus biologischem Anbau!)**

*Für das Tsatsiki:*

**½ Tasse (120 g) Kokossahne**

**2 EL (30 ml) Zitronensaft**

**2 EL (12 g) Kakaopulver in Rohkostqualität**

**1 EL (15 ml) Olivenöl**

**½ TL Salz**

**1 Knoblauchzehe, zerdrückt**

**1 TL frischer Dill, fein gehackt**

**¼ Tasse (35 g) geschälte Salatgurke, grob geraspelt**

*Dolmades*: Alle Zutaten vom Reis bis zu den Karotten vermengen. Ein Weinblatt auf einer flachen Oberfläche auslegen, die breite Längsseite zeigt dabei zu Ihnen. Dann 2 Esslöffel Füllung nahe an dem vor Ihnen liegenden Rand auf das Blatt geben. Das Blatt zur Spitze hin eng einrollen. Dabei die Ränder einschlagen, damit die Füllung nicht seitlich austreten kann. Kühl stellen.

*Tsatsiki*: Kokossahne, Zitronensaft, Kakao, Olivenöl, Salz und Knoblauch im Mixer zu einer glatten Flüssigkeit pürieren. Dill und Gurke dazugeben und abschmecken. Den Tsatsiki neben den Weinblättern servieren.

**Ergibt: 6 Portionen**

# Schoko-Wan Tan

Wie Ihre Wan Tans schmecken, hängt vor allem von dem Veggie-Käse ab, mit dem Sie die Teigtaschen füllen. Für Ihre Veggie-Frischkäsesorten können Sie Tofu und Bohnen (wie Cannellini- oder Limabohnen), vermengt mit Zitronensaft; Kokosnuss, andere Nüsse, Kerne und Samen, Kartoffeln oder Tarowurzel verwenden.

**¼ Tasse (65 g) Zartbitterschokolade in Bio-Qualität, fein geraspelt**
**½ Tasse (115 g) von Ihrem Lieblings-Veggie-Frischkäse**
**¼ Tasse (65 g) Mango-Chutney in Bio-Qualität**
**16 Wan Tan-Teigblätter (10 x 10 cm groß)**
**natives Pflanzenöl zum Frittieren**

Schokolade, Frischkäse und Chutney im Mixer zu einer cremigen Masse pürieren. Jeweils 1 Teigblatt auslegen, an den Rand 1 Esslöffel Füllung setzen und aufrollen wie bei den Schoko-Ananas-Frühlingsrollen (Seite 154) beschrieben. Mit allen Teigblättern auf diese Weise verfahren.

Die Fritteuse 10 bis 13 Zentimeter hoch mit Pflanzenöl füllen (oder in eine tiefe Pfanne, z. B. einen Wok, etwa 5 Zentimeter hoch Öl geben). Die Wan Tans einzeln hineingeben und braun backen, was etwa 2 bis 3 Minuten dauert. Auf Küchenkrepp abtropfen lassen.

Variationen: Sie können das Grundrezept sowohl in die süße, als auch in die pikante Geschmacksrichtung verändern, je nachdem, wie viel Schokolade, Chutney und Veggie-Frischkäse Sie verwenden. Süße Wan Tans können Sie nach dem Backen mit Zimt-Kakao-Zucker bestreuen. Mit Würzsalz oder einer Curry-Kakao-Mischung wird's pikant.

**Serviertipps**: Interessant schmecken pikante Wan Tans auf einer Scheibe Nashi-Birne. Bestreuen Sie die Komposition mit etwas Ingwerpulver. Sollte Füllung übrig bleiben, geben Sie kurz vor dem Servieren einen Tupfer davon auf jedes Wan Tan. Oder Sie reichen Chilisauce zu den Teigtaschen.

**Ergibt: 8 Portionen**

# Aprikosen-Brownies mit Betakarotin

In diesen Brownies vereinen sich die fettlöslichen Betakarotine der Aprikosen mit den gesunden Fetten von Kakao und Nüssen.

**⅓ Tasse (80 ml) Raps- oder Kokosöl, jeweils nativ**
**½ Tasse (130 g) Püree aus getrockneten Aprikosen (siehe unten)**
**½ Tasse (65 g) geschmolzene Zartbitterschokolade in Bio-Qualität**
**½ Tasse (100 g) Rohrohrzucker**
**Mark von 1 Vanilleschote**
**½ Tasse gehackte Nüsse (wahlweise 30 g Walnüsse, 30 g Pekannüsse, 35 g Cashewkerne oder 30 g Pistazien)**
**¼ Tasse (30 g) getrocknete Aprikosen, klein geschnitten**
**1½ Tassen (190 g) Weizenmehl Type 550**
**½ TL Salz**
**1½ TL Backpulver**
**⅓ Tasse (30 g) Kakaopulver in Bio-Qualität**

*Für das Aprikosenpüree:*

**6 Tassen (720 g) getrocknete Aprikosen, klein geschnitten**
**¾ Tasse (150 g) Vollrohrzucker**
**¼ Tasse (60 ml) Zitronensaft**

Den Backofen auf 180 °C vorheizen. Eine quadratische Kuchenform von 20 x 20 Zentimetern Größe einfetten und dünn mit Mehl ausstreuen. Beiseitestellen.

Öl, Aprikosenpüree, geschmolzene Schokolade, Zucker und Vanille in einer großen Schüssel verrühren. Die Nüsse und die getrockneten Aprikosen unterrühren.

In einer anderen Schüssel Mehl, Salz, Backpulver und Kakaopulver vermischen. Dann die trockenen Zutaten langsam in die feuchten einrühren. Den Teig in die Kuchenform gießen und etwa 30 Minuten backen. Den Kuchen aus der Form nehmen, abkühlen lassen und für die Brownies in 16 Vierecke schneiden.

Die Zutaten in den Mixer geben und zu feinem Püree verarbeiten.

**Ergibt: 8 Portionen**

# Schoko-Chili-Kuchen

Dieser nicht allzu süße Kuchen verwöhnt uns mit den Aromen Mittelamerikas und einem Hauch Jalapeño-Schärfe. Wenn Sie die Jalapeños weglassen, haben Sie einen leckeren veganen Schokokuchen.

**1 Tasse (200 g) Rohrohrzucker oder Ihr Lieblings-Süßungsmittel nach Wahl**
**$1\frac{3}{4}$ Tasse (220 g) Weizenmehl Type 550**
**$\frac{3}{4}$ Tasse (60 g) Kakaopulver in Bio-Qualität**
**$1\frac{1}{2}$ TL Backpulver**
**$1\frac{1}{2}$ TL Natriumbikarbonat**
**1 TL Salz**
**$1\frac{1}{2}$ TL gemahlener Zimt**
**$\frac{1}{2}$ TL gemahlener Ingwer**
**1 Tasse (240 ml) Kokos-, Soja-, Nuss- oder Hafermilch**
**$\frac{1}{3}$ Tasse (80 ml) Raps- oder Traubenkernöl, jeweils nativ**
**1 EL (15 ml) Limettensaft**
**$1\frac{1}{2}$ TL Vanillepulver**
**1 EL (6 g) Jalapeñoschote, fein gehackt**
**1 Tasse (240 ml) heißes Wasser**
**$\frac{1}{2}$ Tasse (90 g) Zartbitter-Schokotropfen in Bio-Qualität (wahlweise)**

Den Backofen auf 180 °C vorheizen. Zwei 23-Zentimeter-Backformen einfetten und bemehlen.

Zucker, Mehl, Kakao, Backpulver, Natriumbikarbonat, Salz, Zimt und Ingwer vermischen. Kokosmilch, Öl, Limettensaft, Vanille und Jalapeñoschote dazugeben. Ein paar Minuten lang mit dem Handmixer durchschlagen, bis die Flüssigkeit eine homogene Konsistenz hat. Das heiße Wasser einrühren. Zartbitter-Schokotropfen jetzt unterheben. Dann die trockenen Zutaten langsam in die feuchten einrühren.

Den Teig in die vorbereiteten Formen füllen und 35 bis 40 Minuten backen, bis bei der Teigprobe kein Teig mehr am Stäbchen klebt. Anschließend 10 bis 15 Minuten in der Form abkühlen lassen. Auf Drahtgittern weiter auskühlen lassen. Den abgekühlten Kuchen mit Guss überziehen.

**Ergibt: 8 Portionen**

# Trifle-Genuss

Trifle ist ein englisches Dessert. Gesunde sekundäre Pflanzenstoffe der Beeren treffen hier auf die üppige Süße des Kakaos!

**½ Tasse (90 g) Zartbitter-Schokotropfen in Bio-Qualität**
**¾ Tasse (175 ml) Veggie-Milch (wahlweise Soja-, Nuss-, Hafermilch)**
**2 Tassen (70 g) Schokokuchen oder -kekse nach Wahl, in große Stücke zerteilt**
**⅓ Tasse (110 g) Marmelade**
**jeweils ¼ TL gemahlene Gewürznelken und Ingwer**
**¼ Tasse (20 g) Kakaopulver in Bio-Qualität, ½ TL gemahlener Zimt und 1 EL (13 g) Rohrohrzucker, gut vermischt**
**1½ Tassen (190 g) Himbeeren**
**1 Tasse Kakao-Kokoscreme (Seite 173)**
**¼ Tasse (25 g) Zartbitterschokolade in Bio-Qualität, hauchdünn geschnitten**

Die Schokotropfen bei niedriger Hitze in einem schweren Topf in der Milch zum Schmelzen bringen (wahlweise auch im Wasserbad). Während die Schokolade schmilzt, Kuchen oder Kekse in eine Auflaufform mit 20 Zentimetern Durchmesser bröseln. Die Schokoladensauce über die Brösel gießen und 20 Minuten im Kühlschrank abkühlen lassen.

Dann die Marmelade mit Nelken und Ingwer verrühren und auf die Kuchenschicht streichen. Mit etwas Kakao-Zucker-Zimt-Mischung bestreuen. Die Himbeeren darauf verteilen. Erneut mit der Zuckermischung bestreuen. Die letzte Schicht besteht aus Kakao-Kokoscreme, die ebenso mit der Zuckermischung bestreut wird. Darüber kommen die hauchdünnen Schokolocken. Die fertigen Trifle bis zum Servieren kühlstellen.

**Variationen**: Ich tränke das Trifle üppig mit Alkohol. Wenn Sie das auch machen wollen, nehmen Sie 3 bis 4 Esslöffel (45 bis 60 Milliliter) Dessertwein, Crème de Cassis oder einen anderen Likör und besprengen Sie damit die Keks- bzw. Kuchenstücke, bevor Sie das Trifle zusammenstellen.

**Ergibt: 6 Portionen**

# Kakao-Pie

Mit diesem Rezept können Sie alle möglichen Pies zubereiten. Für eine salzige Pie lassen Sie den Zucker einfach weg!

**2 EL (30 g) Rohrohrzucker**
**¼ Tasse (20 g) gesüßtes oder ungesüßtes Kakaopulver in Bio-Qualität**
**1¼ Tasse (150 g) Weizenmehl Type 500, gesiebt**
**¼ TL Salz**
**½ Tasse (110 g) kalte vegane Margarine**
**3–4 EL (45–60 ml) kaltes Wasser**

Den Backofen auf 220 °C vorheizen.

Zucker, Kakaopulver, Mehl und Salz vermengen. Die Margarine stückchenweise einarbeiten, bis die Mischung grobbröselig ist. Das Wasser esslöffelweise dazugeben und zu einem homogenen Teig verarbeiten. Den Teig in eine leicht gefettete Pie-Form geben und leicht andrücken. Mehrmals mit der Gabel einstechen und 20 bis 25 Minuten braun backen.

**Ergibt: 2 Pies**

# Cashew-Kalzium-Shake

Die Sesamsamen sind vor allem ungeschält echte Kraftpakete. Eine Portion von etwa 30 Gramm ungeschälten Sesamsamen liefert bereits 25 Prozent der täglich empfohlenen Menge an Kalzium und Eisen!

**⅓ Tasse (30 g) Kakaopulver in Bio-Qualität**
**¼ Tasse (35 g) geschmolzene Zartbitterschokolade in Bio-Qualität**
**1 Tasse (140 g) Cashewkerne**
**2 EL (16 g) Sesamsamen, möglichst ungeschält**
**1 Prise Salz**
**Mark von ½ Vanilleschote**
**¼ Tasse (50 g) Rohrohrzucker oder 80 ml Agavendicksaft**
**2 Tassen (480 ml) Kokos- oder Sojamilch mit Schokogeschmack**

Alle Zutaten im Mixer glatt pürieren. Kühl stellen und vor dem Servieren erneut kurz durchmixen.

**Ergibt: 2 Portionen**

# Plum Pudding Pie

**1 Rezept Kakao-Pie (Seite 172), ungebacken, aus halb Mandel- und halb Weizenmehl**

**1 Tasse (130 g) geschmolzene Zartbitterschokolade in Bio-Qualität**

**1 Tasse (250 g) mit etwas Wasser pürierte Trockenpflaumen**

**½ Tasse (100 g) Rohrohrzucker**

**¼ Tasse (60 ml) Apfelsaft**

**½ Tasse (60 g) Mandelmehl**

**⅓ Tasse (50 g) Sultaninen, gehackt**

**1 EL (6 g) abgeriebene Orangenschale**

**1 TL Vanillepulver**

**½ TL Salz**

**1 EL (8 g) Tapiokamehl**

**klein geschnittene Trockenpflaumen, abgeriebene Orangenschale sowie geschmolzene Schokolade zum Garnieren aufbewahren**

**1 Rezept Kakao-Kokoscreme (siehe unten) zum Garnieren**

Teig in einer gefetteten 25-Zentimeter-Form leicht andrücken. Restliche Zutaten vermischen und in die Teigschale geben. Pie 10 Minuten bei 220 °C backen, dann weitere 20 Minuten bei 180 °C. Abgekühlte Pie garnieren und Kakao-Kokoscreme darübergeben.

**Ergibt: 8 Portionen**

# Kakao-Kokoscreme

Sie können die Süße und Würze dieser Creme ganz nach Belieben variieren oder die Kokossahne durch Apfelmus, Avocados oder Nussmus ersetzen.

**⅓ Tasse (30 g) Kakaopulver**

**1 Tasse (240 g) Kokossahne**

**¼ Tasse (30 g) geschmolzene Zartbitterschokolade in Bio-Qualität**

**1 Prise Salz**

**½ TL Vanillepulver**

**je 1 EL Kokosöl und Zitronensaft**

**¼ Tasse (50 g) Rohrohrzucker oder 80 ml Agavendicksaft**

Alle Zutaten im Mixer zu einer glatten Creme verarbeiten und kühl stellen.

**Anmerkung**: Verwenden Sie für die Kokossahne wie immer die vollfette Kokosmilch, von der Sie die Flüssigkeit abgegossen haben.

**Ergibt: 6 Portionen**

# Heidelbeer-Kakao-Energiekugeln

Heidelbeeren, Bananen und Schokolade sind das perfekte Trio. Noch besser schmeckt die Mischung mit Papaya! Bereits ihre tieforange Farbe lässt uns erahnen, dass sie jede Menge Betakarotine enthält. Wie Tomaten enthalten Papayas zudem antikarzinogene Lykopine. Zusammen mit den Anthocyanen der Heidelbeeren und den Flavanolen des Kakaos stecken diese leckeren Kugeln voller gesunder Energie!

**½ Tasse (75 g) Bananenchips**
**½ Tasse (75 g) gemischte Nüsse**
**¼ Tasse (35 g) getrocknete Papaya**
**¼ Tasse (20 g) Kakaopulver in Bio-Qualität**
**½ Tasse (60 g) getrocknete Heidelbeeren**
**2 EL (25 g) Kakaobutter in Rohkostqualität (nach Bedarf etwas mehr)**
**1–3 EL (15–45 ml) Agavendicksaft oder Süßungsmittel nach Wahl**
**¼ TL Salz**

Bananenchips, Nüsse und Papaya in der Küchenmaschine gut durchmischen. Die restlichen Zutaten dazugeben und zu einer homogenen Masse verarbeiten. Dann die Masse zu 16 Kugeln rollen. In Kakaopulver oder Kokosflocken wälzen. Gut gekühlt servieren.

**Ergibt: 4 Portionen**

# Hafer-Kokos-Schokoriegel

Mit diesen Riegeln haben Sie mit Sicherheit einen guten Start in den Tag.

**2 Tassen (160 g) Haferflocken**

**1 Tasse (110 g) Mandelblätter mit gehackten Paranüssen**

**1 Tasse (80 g) Kokosraspeln in Bio-Qualität**

**½ Tasse (40 g) Kakaopulver in Bio-Qualität**

**3 EL (45 ml) Kokosöl in Rohkostqualität**

**½ Tasse (160 ml) Agavendicksaft bzw. Ahornsirup oder 110 ml Kokosblütenzucker**

**½ Tasse (130 g) Erdnuss-, Cashew- oder Mandelmus in Rohkostqualität**

**Mark von 1 Vanilleschote**

**¼ TL Salz**

**½ Tasse (90 g) Datteln, ohne Stein, klein geschnitten**

**½ Tasse (65 g) getrocknete Mango, klein geschnitten**

**½ Tasse (75 g) Sultaninen oder Korinthen**

**85 g Bitterschokolade in Bio-Qualität, grob gehackt plus 1 EL (15 g) Kokosöl in Rohkostqualität**

Den Backofen auf 180 °C vorheizen. Eine Backform von 23 x 33 Zentimetern Durchmesser mit Backpapier auslegen.

Haferflocken, Nüsse und Kokosraspel vermengen, auf ein Backblech geben und 10 bis 12 Minuten anrösten. Gelegentlich wenden. Die Mischung in eine Schüssel geben und Kakaopulver hinzufügen.

Die Temperatur im Backofen auf 150 °C reduzieren.

Öl, Süßungsmittel, Nussmus, Vanille und Salz in einer Kasserolle verrühren und bei mittlerer Hitze zum Kochen bringen. 1 Minute köcheln lassen und über die Haferflockenmischung gießen. Datteln, Mango und Rosinen dazugeben, gut vermischen. In die Auflaufform füllen, fest andrücken und 25 Minuten braun backen. Ein paar Stunden abkühlen lassen und in 16 Riegel schneiden.

Die Schokolade mit dem Kokosöl im Wasserbad schmelzen. In eine flache Schüssel geben und die Unterseite der Riegel eintauchen. Mit der Unterseite nach oben trocknen lassen.

**Ergibt: 8 Portionen**

# Kokos-Brownie-Shortbread

Dieses Shortbread gehört zu meinen Lieblings-Party-Mitbringseln. Das Kokos-Shortbread vereint sich mit dem facettenreichen Geschmack des extra-schokoladigen Brownie-Teigs zu einem geradezu sündhaft leckeren Vergnügen!

*Für das Shortbread:*

**1⅔ Tassen (200 g) Weizenmehl Type 550**

**⅓ Tasse (30 g) Kakaopulver in Bio-Qualität**

**⅔ Tassen (130 g) Rohrohrzucker**

**½ TL Salz**

**½ Tasse (110 ml) Kokosöl in Rohkostqualität**

**2 TL Vanillepulver**

**2 EL (30 ml) Kokosmilch oder Wasser**

*Für die Brownie-Masse:*

**½ Tasse (40 g) Kakaopulver in Bio-Qualität**

**½ Tasse (60 g) Weizenmehl Type 550**

**¼ TL Salz**

**1½ TL Backpulver**

**¼ Tasse (55 ml) Kokosöl in Rohkostqualität**

**⅔ Tassen (130 g) Rohrohrzucker**

**½ Tasse (120 ml) Soja- oder Kokosmilch**

**Mark von 1 Vanilleschote**

**115 g Zartbitterschokolade in Bio-Qualität, grob geraspelt**

Den Backofen auf 190 °C vorheizen.

*Shortbread*: Die trockenen Zutaten in einer großen Schüssel vermischen. Das Kokosöl mit der Hand einarbeiten und die Masse zu Krümeln verarbeiten. Kokosmilch oder Wasser hineinkneten. Den Teig in eine 20 x 20 große Backform geben. Mit einer Gabel einstechen.

*Brownie-Schicht:* Die trockenen Zutaten in einer großen Schüssel vermengen. Die feuchten Zutaten dazugeben und anschließend die Schokolade unterziehen. Auf die Shortbread-Masse streichen und etwa 35 Minuten backen. Auf einem Drahtgitter auskühlen lassen und in 16 Quadrate schneiden.

**Ergibt: 8 Portionen**

# Kakao-Power-Riegel

Gojibeeren sind ein leckeres Superfood, das voller Vitamine und Karotinoide wie Betakarotin und Lykopin steckt. Mit den Flavanolen des Kakaos vereint werden sie zu einem wahren Kraftpaket! Die Konsistenz dieser köstlichen Riegel erinnert an Türkischen Honig, doch dank der Nüsse, Gojibeeren und des Kakaos sind sie sehr viel gesünder.

**¾ Tasse (75 g) Nüsse: Pekannüsse, Walnüsse oder andere Nusssorten**

**⅓ Tasse (75 g) Kakaonibs in Rohkostqualität**

**1 EL (8 g) Sesamsamen**

**½ Tasse (90 g) Datteln, ohne Stein**

**½ Tasse (65 g) getrocknete Aprikosen oder Ananas**

**¼ Tasse (25 g) getrocknete Gojibeeren**

**20 ml Ahornsirup oder Agavendicksaft**

**1 Prise Salz**

Eine Backform von 20 x 20 Zentimetern Durchmesser mit Backpapier auslegen. Beiseitestellen.

In der Küchenmaschine Nüsse, Kakaonibs und Sesamsamen vermahlen, bis sie die Konsistenz von Brotkrumen haben. Herausnehmen und beiseitestellen. Dann die Datteln und Trockenfrüchte mit der Pulse-Taste zu einer stückigen Masse verarbeiten. Die Nussmischung dazugeben und 1 Minute lang weiterrühren, bis sich alle Zutaten gut vermischt haben. Die Masse in eine mittelgroße Schüssel geben und mit einem Löffel Ahornsirup und Salz unterziehen. In die Backform füllen, ausstreichen und 30 Minuten kühl stellen. Zum Schluss in 16 Quadrate schneiden. Wenn Ihnen eine trockenere Mischung lieber ist, können Sie ganz nach Geschmack mehr Nüsse oder weniger Früchte verwenden.

**Ergibt: 8 Portionen**

# Kakao-Zucker-Peeling

Dieses Rezept ist für Ihr Gesicht oder Ihre Füße gedacht, nicht für Ihr Leckermäulchen! So bleibt Ihre Haut jung und sexy. Zucker und Kakao helfen, abgestorbene Hautschüppchen abzutragen. Kräuter und Kakao lindern gereizte Haut und glätten sie. Bei diesem Peeling hat der auch für die äußere Schönheit kostbare Kakao also gleich einen doppelten Effekt.

**¼ Tasse (25 g) Kakaopulver in Rohkostqualität**
**½ Tasse (110 ml) Kokos- oder Mandelöl in Rohkostqualität**
**¾ Tasse (150 g) Rohrohrzucker**
**¼ Tasse (6 g) gehackte Minze, Zitronenverbene oder andere Kräuter**

Alle Zutaten mit einem Stößel im Mörser oder in der Küchenmaschine vermahlen. Als Peeling verwenden. Sowohl Kakao als auch Zucker entfernen sanft Hautschüppchen.

**Variationen**: Sie können natürlich auch ein Salz-Kakao-Peeling machen. Nehmen Sie dafür statt Zucker einfach die gleiche Menge Salz. Wenn Sie mögen, können Sie auch ein paar Tropfen Lavendelöl oder ein anderes essenzielles Öl dazugeben. Achten Sie auf Bio-Qualität!

**Ergibt: 4 Portionen**

# Wichtige Infos rund ums Thema „Kakao“

## Fair gehandelt oder roh? – So finden Sie den richtigen Kakao

Wenn Sie Schokolade kaufen wollen, die sowohl für Sie selbst als auch für die Umwelt und den Erzeuger gut ist, so kann sich das schnell als recht schwierig herausstellen. Das Angebot an Kakao und unterschiedlichen Schokoladensorten ist sehr groß – ganz zu schweigen von all den Siegeln und Produktionsstandards. Produkte, die sich „Bio“ nennen oder ein Bio-Siegel tragen dürfen, müssen bestimmte gesetzliche Bestimmungen erfüllen, während andere Siegel keinerlei Garantie für die Einhaltung irgendwelcher Regeln bieten und häufig nicht mehr als Augenwischerei sind. Manche Anbieter schrecken vor keiner falschen Behauptung zurück, um dem Konsumenten weiszumachen, dass ihr Produkt gesünder, besser und ethisch vertretbarer ist als das der Konkurrenz.

Das Beste, was wir als Verbraucher tun können, ist, uns über die einzelnen Zertifizierungen und Siegel genau zu informieren und abzuwägen, auf welche Aspekte wir selbst den größten Wert legen. Wie immer im Leben mag vielleicht auch hier nicht alles ideal und so sein, wie wir uns das wünschen. Da aber die Nachfrage nach Kakao und Schokolade ständig steigt, können wir durch unser Kaufverhalten bestimmen, in welche Richtung sich die Nahrungsmittelindustrie bewegt.

### *Bewusst einkaufen für mehr Qualität*

Wie genau Lebensmittel produziert, verarbeitet und verteilt werden, das ist schwer zu überblicken. Weltweit werden einige Millionen Tonnen von Kakao mit einem Marktwert von mehreren Milliarden Dollar angebaut, aufbereitet, verschifft, abgepackt und in den Handel gebracht. Diese Dimensionen machen es schwer, herauszufinden, woher ein Produkt letztlich stammt, sodass man sich gegebenenfalls für ein anderes Produkt mit besserer Qualität entscheiden kann.

Mittlerweile achten viele Verbraucher darauf, woher ihre Lebensmittel kommen und wie sie produziert werden, sei es, dass sie sich auf lokalen Märkten eindecken, Kaffee aus Schattenanbau kaufen oder sich einfach nur die Zeit nehmen, die Zutatenliste auf der Verpackung genau zu lesen. Wenn wir unser Konsumverhalten auf diese Weise umstellen, taucht naturgemäß irgendwann die Frage auf: „Nützt das Ganze überhaupt etwas?“ Und unsere Antwort darauf ist ein lautes und deutliches „Ja, das tut es!“ Die Forderungen der Verbraucher in den vergangenen zwanzig Jahren nach mehr Transparenz und Einhaltung ethischer Standards auf dem Ernährungssektor haben zu einem noch nie dagewesenen Maß an Qualitäts- und sozialem Bewusstsein geführt.

Bevor wir aber jetzt in Euphorie verfallen, sollten wir uns daran erinnern, dass dies nur der Anfang ist. Wir wissen jetzt zwar besser Bescheid darüber, was in unserem Essen steckt und wo es herkommt, doch bis zur vollständigen Transparenz ist es noch ein weiter Weg. Erfreulicherweise bieten die verschiedenen Zertifizierungen bereits jetzt mehr Klarheit. Im Folgenden möchten wir erläutern, was die einzelnen Zertifizierungen in Bezug auf Kakao konkret bedeuten, denn hier auf Qualität und die Einhaltung gewisser Standards zu achten, bedeutet für Sie: besserer Kakao und eine gesündere Ernährung.

### *Was bedeuten die Siegel auf Kakao und Schokolade?*

Was den Aufdruck von Siegeln, Zertifizierungen und geheimnisumwobenen gesundheitsbezogenen Angaben angeht, so ist Schokolade wohl Spitzenreiter. (Während ich dies niederschreibe, knabbere ich gerade an einem Schokoriegel, dessen Verpackung es auf nicht weniger als sechs solcher Siegel bringt!) Diese Angaben geben uns Auskunft darüber, woher unsere Schokolade stammt und wie sie hergestellt wurde. Waren Sie sich beim Kauf von gesundheitlich wertvollem, umweltfreundlich und ethisch hergestelltem Kakao und ebensolcher Schokolade bisher nicht sicher, zu welchem Produkt Sie greifen sollen? Wenn Sie sich an die folgenden Informationen halten, können Sie in Zukunft bewusste Kaufentscheidungen treffen:

Gesundheitsbezogene Angaben („Health Claims"). Solche Angaben auf der Verpackung versprechen eine gesundheitsfördernde Wirkung, wenngleich der eine oder andere Hersteller dabei eher die absatzfördernde Wirkung im Auge haben mag. Gesundheitsbezogene Angaben sind nur zulässig, wenn sie in der Positivliste der Europäischen Behörde für Lebensmittelsicherheit (EFSA) aufgeführt werden. Grundsätzlich zulässig sind zwei Arten von Aussagen, nämlich zur Bedeutung eines Nährstoffes für die Gesundheit bzw. die Verringerung eines Krankheitsrisikos.

Für Kakao sind bisher nur gesundheitsbezogene Angaben über die positive Wirkung der in ihm enthaltenen Flavonoide zulässig.

**„Natürlich":** Um es gleich vorweg zu sagen: Der Begriff „natürlich" hat so gut wie keine Aussagekraft. Es gibt weder eine verbindliche Definition noch eine Behörde, die über die korrekte Verwendung dieser Deklaration wacht. Häufig handelt es sich dabei wie bei dem beliebten Greenwashing um nicht mehr als Schönfärberei, um mit wohltönenden, aber nichtssagenden Begriffen ein Produkt gesünder erscheinen zu lassen, als es in Wirklichkeit ist. Lassen Sie sich von solchem Etikettenschwindel nicht täuschen!

Auf Druck von Verbraucherverbänden haben Hersteller jedoch einzelne Produkte wieder vom Markt genommen bzw. die Zutatenliste korrigiert, andere bleiben allerdings unbeirrt bei ihren irreführenden Darstellungen. Für den Verbraucher bedeutet dies: Weiterhin die Augen offenhalten und sich informieren!

**Kakao in Rohkostqualität:** Aktuell gibt es vonseiten des Gesetzgebers oder von den entsprechenden Verbänden noch kein offizielles Siegel für Lebensmittel, die

Rohkoststandards erfüllen. Einigkeit besteht jedoch darin, dass ein Lebensmittel dann „roh“ ist, wenn es nicht über 42 °C erhitzt wurde. Überzeugten Rohköstlern zufolge ist der Verzehr von Obst, Gemüse, Nüssen, Samen, Sprossen und anderer Lebensmittel im natürlichen, ungekochten Zustand von hohem gesundheitlichen Wert. Rohe Kakaobohnen sind relativ schwer zu bekommen, wenn auch nicht mehr so schwer wie früher, was nicht zuletzt daran liegt, dass von überzeugten Rohkost-Anhängern durch Initiativen, auf Events, im Internet und durch Printmedien eine vermehrte Verwendung von Kakao propagiert wird. Neben rohem Kakao ist jetzt auch Rohschokolade im Handel erhältlich, die aus rohen Zutaten und minimal behandelten Süßungsmitteln hergestellt und zu nährstoffreichen, hochgradig antioxidativen Schokoladenprodukten verarbeitet werden.

**Holland-Kakao:** Am anderen Ende der Skala haben wir das handelsübliche Kakaopulver, das gewonnen wird, indem dem Kakao durch Alkalisierung (sogenanntes *Dutching*) der natürliche bittere Geschmack entzogen wird. Entwickelt wurde dieses Verfahren im 19. Jahrhundert von dem holländischen Apotheker und Chemiker, Schokoladenhersteller und Erfinder des Kakaopulvers Coenraad J. van Houten. Durch den so erreichten milderen Geschmack erfuhr der Kakaokonsum in Europa einen beträchtlichen Aufschwung. Van Houtens Vater, ebenfalls ein Chocolatier, hatte bereits eine mechanische Presse entwickelt, mit der sich die Kakaobutter aus den Bohnen entfernen und zum ersten Mal Kakaomehl herstellen ließ. Diese beiden Erfindungen führten schließlich zur heutigen Tafelschokolade.

Es gibt klare Belege, dass das nach diesem Verfahren gewonnene handelsübliche Kakaopulver weniger aktive Flavonoide enthält als andere Kakaoprodukte, denn was den Kakao bitter macht, ist eben sein Gehalt an Flavonoiden. Weniger klar ist jedoch, inwieweit dies eine Rolle für seine gesundheitlichen Vorzüge spielt. Die antioxidative Wirkung von Kakao (für welche seine Flavonoide verantwortlich sind) ist so stark, dass selbst handelsüblicher Kakao noch beträchtliche Mengen an Flavonoiden enthält.

Andererseits muss man sich vor Augen halten, dass ein Großteil unseres Kakaokonsums aus Holland-Kakao besteht und folglich die Hersteller den gesundheitlichen Nutzen von Kakao im Bewusstsein der Verbraucher gern mit ihrem Produkt gleichsetzen möchten. Mein Rat an Sie lautet daher: Essen Sie „richtigen“ Kakao in Form von Nibs, Kakao-Rohmasse, dunkler Schokolade und Kakaopulver, das nicht durch Dutching gewonnen wurde. Nur so können Sie die gesundheitlichen Vorzüge von Kakao und Schokolade maximal nutzen. Dennoch enthalten wie gesagt selbst noch Holland-Kakao und „normale“ Schokolade noch nützliche Flavonoide, wenn auch in geringerer Menge.

## Kakaoproduktion und Umwelt

Anbau, Verarbeitung, Transport und Vertrieb von Kakao werden niemals vollständig umweltneutral sein. Bei den einzelnen Schritten gibt es jedoch einen breiten Gestaltungsspielraum und durchaus Optionen, wie man die Umweltbelastung durch den Konsum von Kakaoprodukten reduzieren kann. Lassen Sie uns ein paar der umweltrelevanten Siegel und Zertifizierungen genauer anschauen.

**BIO-Siegel (nach EG-Öko-Verordnung):** Dieses Bio-Siegel besagt, dass der Anbau und die Verarbeitung des verkauften Produkts den Standards der EG-Öko-Verordnung folgt. Die Bekämpfung von Unkraut und Schädlingen muss mit einer der folgenden Methoden stattfinden: geeignete Arten- und Sortenwahl, geeignete Fruchtfolge, mechanische Bodenbearbeitung, Schutz von Nützlingen durch Schaffung förderlicher Verhältnisse, Abflammen von Unkrautkeimlingen. Darüber hinaus gibt es zahlreiche Anbauverbände, deren Siegel häufig noch sehr viel schwieriger zu erlangen sind, da die Standards sich beispielsweise auf die Bewirtschaftung des gesamten Hofes beziehen und nicht nur auf den Umgang mit Schädlingen. Genauere Informationen darüber finden Sie bei den einzelnen Anbauverbänden.

Für Kakao und Schokolade gilt meist das Bio-Siegel für Nicht-EU-Landwirtschaft: zwölf weiße Sterne, die auf grünem Hintergrund ein Blatt formen. Für dieses Siegel gelten dieselben Voraussetzungen wie für das oben beschriebene Bio-Siegel. Wenn jedoch mehr als 2 Prozent der enthaltenen Zutaten aus Nicht-EU-Staaten stammen, muss die Herkunft in dieser Form angegeben werden.

Da BIO-Siegel den Absatz fördern, gibt es zahlreiche Nachahmer, die versuchen, ihren Produkten den Anschein kontrolliert-biologischen Anbaus zu geben. Achten Sie daher in jedem Fall auf die korrekten Siegel. Denn alle Bio-Produkte sind auch weitgehend frei von gentechnisch veränderten Organismen.

**Gentechnik-frei:** Welche Langzeitrisiken und Umweltauswirkungen von gentechnisch veränderten Lebensmitteln ausgehen, lässt sich derzeit nicht mit Sicherheit sagen. Daher wollen mehr als sechzig Länder gentechnisch veränderte Organismen und Produkte, in denen diese enthalten sind, von unserem Esstisch verbannen. Aktuell gibt es keine gentechnisch veränderten Kakaobohnen, doch die Zutaten von konventionell hergestellter Schokolade können gentechnisch veränderte Organismen enthalten. Schokolade, deren Verpackung mit dem Siegel „Ohne Gentechnik“ gekennzeichnet ist, enthält jedoch keine dieser Zutaten.

Das neue grüne Siegel „Ohne Gentechnik“ bedeutet für rein pflanzliche Produkte, dass Zutaten und Zusatzstoffe nicht von gentechnisch veränderten Pflanzen stammen dürfen. Darüber hinaus dürfen auch die verwendeten Zusatzstoffe, Vitamine, Aminosäuren und Enzyme nicht von gentechnisch veränderten Mikroorganismen stammen. Zufällige oder technisch bedingt unvermeidbare Beimischungen werden bei rein pflanzlichen Produkten aber bis zu einer Grenze von 0,9 Prozent geduldet. Bei tierischen Produkten sind die Grenzwerte jedoch in der Regel höher, weshalb in Milchschokolade oder handelsüblichen Schokoriegeln durchaus Gentechnik enthalten sein kann. Auch in Bio-Schokolade gibt es möglicherweise gentechnisch veränderte Organismen, wenn als Zutat Sojalecithin verwendet wird. Sojalecithin wird zum Conchieren von Schokolade eingesetzt, um die Kakaomasse weicher zu machen und Kakaobutter einzusparen. Es kann aber, wie alle weltweit verfügbaren Sojaprodukte, gentechnisch verändertes Soja enthalten. Wenn Sie das vermeiden wollen, sollten Sie in der Zutatenliste auf die entsprechenden Angaben für Emulgatoren achten.

**Rainforest Alliance Certified:** Da Kakaobohnen gewöhnlich in Äquatornähe angebaut werden, liegen fast alle Plantagen auf tropischem Gebiet. Die Rainforest Alliance zertifiziert landwirtschaftliche Betriebe, die sich dem Schutz des Regenwalds verschrieben haben. Auch Kakao kann aus so genanntem „Schattenanbau" stammen. Dabei wird er wie Kaffee nicht auf Plantagen gezogen, sondern im Schatten einer natürlichen Bewaldung, sodass das Landschaftsbild nicht großflächig verändert wird und die natürliche Umgebung von Pflanzen und Tieren erhalten bleibt. Leider ist Schattenanbau noch relativ selten, weil er deutlich aufwendiger ist und somit weniger Profit abwirft. Die *Rainforest Alliance* arbeitet mit verschiedenen Kakaoanbauern und Schokoladenherstellern zusammen, um solche Farmen zu fördern. Zudem spielen dabei auch die Fragen des nachhaltigen Wirtschaftens sowie gute soziale Bedingungen für die Arbeitskräfte eine Rolle.

## Kakao: Arbeits- und Produktionsbedingungen

In einem Produktionszweig, in dem jährlich mehrere Milliarden Dollar umgesetzt werden, ist es keine große Überraschung, dass man versucht, Kakao so schnell und billig wie möglich herzustellen. Unter den Bedingungen unserer globalisierten Wirtschaft bedeutet dies jedoch in der Regel, dass die ohnehin oft verarmten Arbeitskräfte schlecht bezahlt werden. Oder gar nicht.

Ausbeutung ist im Kakao-Anbau eine verbreiteter Missstand. Da Kakao nur in Äquatornähe wächst, kommen fast drei Viertel des Weltkakaoanbaus aus Westafrika, meist aus Ghana und der Elfenbeinküste. Allein an der Elfenbeinküste gibt es mehr als 600.000 Kakaoplantagen, jedoch existieren kaum oder keine Regelungen für die Arbeitsbedingungen der Bauern und Farmarbeiter – und der weltweite „Hunger" nach Kakao hat diese Situation noch verschärft. Glücklicherweise gibt es mittlerweile zahlreiche Organisationen, die sich für die Lebensbedingungen jener Menschen einsetzen, die den von uns verzehrten Kakao produzieren.

**Fair Trade:** *Fairtrade International* (oder *FLO*, das Kürzel für den einstigen Namen der Organisation – *Fairtrade Labeling Organization International*) war eine der ersten Organisationen, die sich direkt für die Farmarbeiter und Bauern in aller Welt einsetzte, um deren Löhne zu verbessern und damit ihre Armut zu verringern. Sie war sozusagen der Urahn all der größeren und kleineren Initiativen, die sich seitdem diesem Ziel verschrieben haben. *FLO* fordert einen marktbasierten Ansatz, um Farmern einen fairen Preis für ihre Ernte zu sichern. So entstehen Sicherheit am Arbeitsplatz, gute Arbeitsbedingungen, die Arbeiter verdienen genug zum Leben und haben das Recht, sich zu organisieren. Durch fairen, direkten Handel können Arbeiter- und Bauernfamilien besser essen, ihre Kinder zur Schule schicken, besser wohnen und eine gute gesundheitliche Versorgung erhalten. Sie können in die Zukunft investieren. Das erhält Familien, Wirtschaftszweige vor Ort, die Umwelt und die Gemeinschaft als Ganzes am Leben.

*Fair Trade* bedeutet, dass anders als im normalen Handel der Endverbraucher direkt beim Bauern einkauft, selbst wenn dieser auf der anderen Seite der Weltkugel lebt. Auf diese Weise erhält der Produzent einen größeren Anteil des auf dem Endmarkt erzielten Preises. Armut lässt sich wirkungsvoll reduzieren, indem man nicht auf Wohltätigkeit setzt, sondern auf einen fairen Markt, der Bauern und Arbeitern sozialverträgliche Lebensbedingungen ermöglicht.

Die Organisation hat zwei Regelwerke für *Fair Trade*-Standards aufgestellt. Das eine gilt für Kleinbetriebe, die als Kooperative und nach demokratischen Regeln organisiert sind. Das andere für angestellte Arbeiter. Letzteres stellt sicher, dass diese faire Löhne erhalten, sich gewerkschaftlich organisieren dürfen und bestimmte Gesundheits- und Sicherheitsauflagen einfordern können. Darüber hinaus überwacht Fair Trade die Handelsbedingungen. So gibt es beispielsweise einen Mindestpreis, den der Produzent für seine Waren erhält. Zudem gibt es eine „Prämie", die vor Ort in gemeinschaftliche Projekte investiert wird.

**FLO-Organisation:** Unter dem Namen der Dachorganisation *Fairtrade International* arbeiten 19 nationale Organisationen zusammen, die jeweils in ihren Ländern das *Fair-Trade-Siegel* vergeben. In Deutschland ist dies *TransFair Deutschland*. Mittlerweile werden auch in Supermärkten vermehrt *Fair Trade*-Produkte angeboten. Bekannte Marken hierfür sind: *GEPA*, *El Puente*, *dwp eG* oder *claro fair trade*. Fair Trade-Produkte können sich im immer schwieriger werdenden Marktumfeld erstaunlich gut behaupten. Die durch *Fair Trade* vergebenen Siegel haben sich mittlerweile etabliert und stoßen beim Verbraucher auf reges Interesse.

Dementsprechend haben zwei 2008 und 2009 durchgeführte Studien ergeben, dass *Fair Trade* einen bedeutenden Beitrag zur Entwicklung der Lebensbedingungen gerade im Kaffee-, Kakao- und Baumwollanbau erzielt hat. Wo Fairer Handel die Regel ist, verbessern sich Gesundheit, Nahrungsmittelversorgung und Schulbesuch. Darüber hinaus fördert der Faire Handel stabile Institutionen und verbessert damit die Lebensbedingungen der Menschen im ganzen Land. Ende 2011 überstieg die Anzahl der innerhalb eines *Fair Trade*-Systems organisierten Kleinbauern die 1-Millionen-Marke. Gleichzeitig lässt sich ein Umsatzwachstum von 26 Prozent verzeichnen.

### Kinderarbeit in der Kakaoproduktion

Das Thema „Kinderarbeit" bei der Kakao- und Schokoladenproduktion wird gern übergangen. Besonders in Westafrika, wo der Großteil des Kakaos weltweit herkommt, ist Kinderarbeit üblich.

2001 hat sich ein Dokumentarfilm der BBC intensiv mit der Kinderarbeit in Westafrika auseinandergesetzt. In den USA wurde daraufhin das Kakaoprotokoll oder Harkin-Engel-Protokoll verabschiedet, eine Erklärung, derzufolge den schlimmsten Formen der Kinderarbeit und der Sklaverei auf den Kakaofarmen in Westafrika ein Ende bereitet werden sollte. Acht große Schokoladenhersteller unterschrieben diese Erklärung, zusammen mit dem US-Botschafter der Elfenbeinküste und dem Direktor des Internationalen Programms zur Beendigung von Kinderarbeit (IPEC). Ähnliche Regelwerke wurden auch in anderen Ländern verabschiedet.

Das hört sich gut an, war aber letztlich nichts weiter als ein Kompromiss. Ursprünglich sollte ein Siegel „Frei von Kinderarbeit" geschaffen werden, doch dagegen wehrten sich die internationalen Kakao-Produzenten. Daher haben die meisten der unterzeichneten Erklärungen keinen bindenden Charakter und sehen vor allem keine Sanktionen vor. Alles wird letztlich der freiwilligen Selbstverpflichtung überlassen. Die Lobby-Organisation *Stop the Traffik* und ein Bericht auf CNN verkündeten, dass die Schokoladenindustrie seit Unterzeichnung der Erklärung in den USA fast eine Billion Dollar Umsatz gemacht hat. In die Projekte gegen Kinderarbeit aber wurden nur 0,0075 Prozent investiert.

Der dänische Filmemacher Miki Mistrati hat 2010 den Dokumentarfilm „Schmutzige Schokolade" gedreht. Er hält das Kakaoprotokoll für reine Augenwischerei, das keinerlei Fortschritte bewirkt habe. Seinen Recherchen zufolge gibt es in Westafrika immer noch Kindersklaven, die zur Arbeit auf den Kakao-Plantagen gezwungen werden. Für manche Menschen sind Kakao-Produkte deshalb immer noch tabu.

Glücklicherweise müssen Sie sich dieser Form des Protests nicht anschließen, denn es gibt mittlerweile ethisch vertretbare Kakao-Produkte. Die Organisation *Food Empowerment Project* (*FEP*) hat sich zum Ziel gesetzt zu prüfen, ob große Firmen Kakao aus Westafrika beziehen. 2010 musste sogar *Fairtrade International* (*FLO*) Lieferanten von ihrer Liste streichen, weil auf den Farmen dort Kinderarbeit entdeckt wurde. *FEP* geht davon aus, dass heute kein Siegel auf Schokolade garantieren kann, dass das Produkt ohne Kinderarbeit hergestellt wurde. Auf *www.foodispower.org* finden Sie eine sehr aufschlussreiche Liste von Schokoladenmarken, die nach folgenden Kriterien bewertet werden:

- durch und durch empfehlenswerte Schokolade (*Chocolate we feel comfortable recommending*)
- eventuell empfehlenswerte Schokolade mit dem Hauch des Zweifels (*Recommended*)
- nicht empfehlenswert (*Cannot recommend*)
- nicht empfehlenswert, unternimmt jedoch Anstrengungen (*Cannot recommend but are working on the issues in various ways*)
- nicht empfehlenswert, aber zumindest gab es eine Antwort (*Cannot recommend but at least responded*)
- nicht empfehlenswert, da Lieferanten nicht offengelegt werden (*Cannot recommend: companies that would not disclose their supplier – no transparency for customers*)
- nicht empfehlenswert: Unternehmen, die nicht geantwortet haben (*Cannot recommend: companies that did not respond*)

*FEP* geht davon aus, dass der Druck der Verbraucher letztlich dazu führen wird, dass Kakao von Farmen, die Kinder zur Sklaverei verdammen, nicht mehr gekauft und verarbeitet werden kann. Viele Menschen wünschen sich Kakao und Schokolade, für die andere nicht leiden müssen. Und sie sind durchaus bereit, mehr Geld für Produkte zu zahlen, die nicht nur qualitativ besser sind, sondern auch unter besseren sozialen Bedingungen hergestellt werden. Leider gibt es im Moment kein einheitliches Siegel für diese Art von Schokolade bzw. Kakao. Viele Firmen und besonders Bio-Anbieter bemühen sich jedoch um eigene Initiativen. Dazu gehören z.B. *Bio-Art, Vivani, Rapunzel, Wertform, Zotter* oder *FairGlobe*. Von den konventionellen Anbietern sind es vor allem *Cadbury, Lindt* und *Sprüngli* sowie *Ritter Sport*, die sich um eigene soziale Projekte bemühen und ihre Lieferanten auf unzulässige Kinderarbeit überprüfen.

# Bezugsquellen

Verwenden Sie für unsere Rezepte am besten Zutaten in Bio- oder Rohkostqualität, die Sie meistens in Ihrem Naturkostladen, Bio-Supermarkt, Reformhaus oder, falls es sich um frisches Obst und Gemüse handelt, auch auf Ihrem regionalen Bauernmarkt kaufen können. Alternativ erhalten Sie diese aber in der Regel auch über Online-Shops im Internet.

Für den Einkauf der schokoladigen Zutaten unserer Rezepte hier ein paar Tipps:

**Bitterschokolade, Zartbitterschokolade oder dunkle Schokolade in Bio-Qualität:** finden Sie mittlerweile in guter Auswahl und auch in Rohkostqualität in dem Bioladen, Reformhaus oder Bio-Supermarkt in Ihrer Nähe.

**Kakaobohnen in Rohkostqualität:** erhältlich in gut sortierten Bioläden und im Bio-Supermarkt sowie online beispielsweise bei *www.amrita.de*

**Kakaobutter in Rohkostqualität:** können Sie über *www.keimling.de*, *www.pureraw.de* oder *www.rohkostgalerie.de* beziehen

**Kakaonibs in Rohkostqualität:** finden Sie mittlerweile auch in gut sortierten Bio-Supermärkten sowie im Internet bei *www.pureraw.de* oder *www.rohschoko.de*

**Kakaopulver in Rohkostqualität:** erhältlich in gut sortierten Naturkostläden und Bio-Supermärkten sowie online beispielsweise bei *www.amrita.de*, *www.keimling.de*, *www.pureraw.de* oder *www.terraelements.de*

**Zartbitter-Schokotropfen in Bio-Qualität:** nur von der Firma Rapunzel in Bio-Qualität erhältlich. Sie bekommen diese Schokotropfen aber in dem Naturkostladen, Bio-Supermarkt oder Reformhaus in Ihrer Nähe.

# Dank

Es braucht immer viele Hände, damit ein größeres Projekt zustande kommen kann, und dieses Buch ist da keine Ausnahme. Mein erstes Dankeschön geht an meinen Mitautor Joshua Ploeg für seine Bereitschaft, seinen kreativen Genius in dieses Buch einfließen zu lassen, das ohne seine außergewöhnlichen kulinarischen Fähigkeiten nie zustande gekommen wäre. Cara Connors und dem Team bei *Quarto* sei für ihre immense Hilfsbereitschaft gedankt. Mein weiterer Dank geht an Carolyn Tampe, R. D., für ihre wertvolle Recherchearbeit sowie an Lauren Ornelas vom *Food Empowerment Project*, die ihre eigene Arbeit zurückstellte, um meine Lawine von Fragen zur Kakaoproduktion zu beantworten. Robbie Stout von Ritual Chocolate führte mich auf eine Besichtigungstour durch die „Schokofabrik" und wurde dabei nicht müde, mir mehr als einmal enthusiastisch die Feinheiten der Schokoladenherstellung zu erklären. Immer verlassen kann ich mich auf meine Diätberaterkollegen, die mir bei allem, was ich in Angriff nehme, mit ihrer grenzenlosen Unterstützung zur Seite stehen.

Es ist unmöglich, hier die Namen all derer aufzuzählen, die zu diesem Buch beigetragen haben, viele von ihnen aber sind mit der *Vegetarian Nutrition Dietetic Practice Group* an der *Academy of Nutrition and Dietetics* verknüpft. Danke für alles, was ihr tut! Auch ohne die Arbeit der Wissenschaftler, die sich der Erforschung von Kakao, Schokolade und deren Inhaltsstoffen widmen, würde es dieses Buch nicht geben. Es war mir ein Vergnügen, alle eure Forschungsberichte zu studieren, denen ich hoffentlich gerecht geworden bin. Jaime Kulick liest seit der Mittelstufe alles, was ich an Text produziere, und auch diesmal hat sie mir freundlicherweise ihr Feedback gegeben. Ich danke Dir! Meine Mutter, die erste Schokoladenliebhaberin, die ich in meinem Leben kennengelernt habe, sowie meine Familie haben mich stets unterstützt. Ich schätze euch über alles! Caroline Netschert gab mir ihr wertvolles Feedback zu den Rezepten, und viele meiner Freunde haben die Phase meiner Kakaobesessenheit einfach wohlwollend hingenommen. Danke, dass ihr Teil meines Lebens seid!

*Matt Ruscigno*

# Über die Autoren

**Matthew Ruscigno, M. P. H., R. D.** Matthew ist staatlich geprüfter Ernährungsberater mit Abschlussdiplomen der *Pennsylvania State University* und der *Loma Linda University*. Er war Vorsitzender der *Vegetarian Nutrition Dietetic Practice Group* an der *Academy of Nutrition and Dietetics*. Er ist Co-Autor zweier Bücher: *No Meat Athlete. Mit veganer Ernährung zur persönlichen Bestform* (mit Matt Frazier) und *Appetite for Reduction* (mit Isa Moskowitz). Wenn ihm seine Privatpraxis und die öffentlichen Vorträge die Zeit dazu lassen, betätigt Matthew sich als begeisterter Freizeitsportler. Er hat erfolgreich an Ultramarathons, Ironman-Triathlons, 24-Stunden-Mountainbike-Rennen und am *Furnace Creek 508*, einem 500-Meilen-Nonstop-Radrennen durch das Death Valley, teilgenommen. Auf *www.truelovehealth.com* schreibt er über alles, was Spaß macht, aufregend ist und natürlich auch über Ernährung.

**Joshua Ploeg** ist seit den 1990er-Jahren als Küchenchef und Caterer, Autor und Punkmusiker unterwegs. In den vergangenen zehn Jahren hat er sich unter ebenso unterschiedlichen wie spannenden Bedingungen durch die USA und die ganze Welt gekocht. Seiner Feder entstammen mehrere Kochbücher, darunter *This Ain't No Picnic, In Search of the Lost Taste und Something Delicious This Way Comes: Spellbinding Vegan Cookery*. Darüber hinaus hat er für verschiedene Veröffentlichungen Rezepte und Kolumnen geliefert, so z. B. für das in Brooklyn erscheinende *Satya Magazine*.

# Verzeichnis der Rezepte

**Getränke**
Aromatischer Heidelbeer-Kakao-Smoothie 60
Azteken-Schoko-Drink (heiß oder kalt) 28
Bloody Cocoa Mary 135
Cashew-Kalzium-Shake 172
Kakao-Mango-Lassi 58
Köstlich gesunde Power: Frischsaft mit Kakao 33
Schoko-Jamaika 134
Schokosirup 139

**Salate**
Grünkohl-Rohkost mit Schoko-Orangen-Dressing 49
Kakao-Coleslaw (Krautsalat) 81
Schokoladig-fruchtiger Waldorfsalat 54

**Dressings, würzige Saucen & Toppings**
BBQ-Schokosauce 115
Ein-Stunden-Mole 50
Enchilada-Sauce 113
Kakao-Caesar-Dressing 107
Kakao-Gewürz-Topping 61
Kakao-Tomaten-Vinaigrette 107
Marinara-Pastasauce mit Schokolade und gegrilltem Kürbis 86
Schokoladen-Balsamico-Reduktion 107
Schoko-Marinara-Sauce 113
Schoko-Weinsauce 80

**Suppen**
Favabohnen-Eintopf mit Gewürzen und Schokolade 108
Reichhaltiger Borschtsch mit feiner Kakaonote 73
Schoko-Gemüse-Eintopf 114
Start in den Tag auf Miso-Art 136

**Vorspeisen & Beilagen**
Avocado-Kakao-Mousse mit indischer Gewürzcreme 138
Babymöhren mit Zitrone und Schokolade 24
Bruschetta mit Schoko-Triple 141
Cuitlacoche Empanadas 133
Grüne Bohnen-Amandine mit dunkler Schokolade 105
Kakaomole für Anfänger 31
Kakao-Tempura-Gemüse 162
Klassische Frühlingsrollen 155
Köstliche gefüllte Champignons 57
Schoko-Ananas-Frühlingsrollen 154
Schoko-Wan Tan 167
Süßkartoffelbrei mit Kakao 153
Süß-saftiges Baba Ghanoush 30
Superleckere Gemüsetartes mit Schokolade 74
Unvergesslich leckerer Quinoa-Pilaw mit Kakaonibs 53

**Hauptgerichte**
Delikate Schoko-Spinat-Lasagne 82
Dolmades mit Schoko-Rosinenreis und Kokos-Tsatsiki 166
Gigantisch gutes Paprikagulasch 100
Kakao-Kartoffel-Tacos 128
Mince Pie mit Kakao-Wein-Sauce 87
Paprikapizza mit geschmolzener Schokolade 156
Pozole aus Kichererbsen und Schokolade 102
Ravioli mit Schokolade und Süßkartoffeln 112
Relleno Poblano 84
Schokoladiges Bhindi Masala 131
Spaghettikürbis-Nester 35
Tamarinden-Schoko-Chili 111
Tofu für Kakaofreaks 78

Unvergesslich leckerer Quinoa-Pilaw mit Kakaonibs 53
Vier Lagen-Gemüse mit Kakao 34
Wow! Schoko-Enchiladas 27
Zimt-Cashew-Auflauf 132

**Veggie-Aufstriche**

Miso-Kakao-Aufstrich 159
Pâté mit Curry, Kakao und Tahi 159
Schoko-Sauerkraut-Pastete 159

**Snacks**

Croque Chocolat mit Auberginen, Tomatenpesto und Rucola 127
Hafer-Kokos-Schokoriegel 175
Heidelbeer-Kakao-Energiekugeln 174
Herzhaft süße Zatar-Pestobällchen 77
Kakao-Power-Riegel 178
Quinoa-Schoko-Energieriegel 46

**Kuchen, Gebäck & Brot**

Aprikosen-Brownies mit Betakarotin 168
Double Pain au Chocolat 152
Kakao-Pie 172
Kokos-Brownie-Shortbread 176
Plum Pudding Pie 173
Roher Schoko-Karottenkuchen 23
Schoko-Chili-Kuchen 169
Schokoladen-Karotten-Kuchen 130
Vegane Chocolate Cookies 164

**Desserts**

Doppelt schokoladige Sauce 162
Haselnuss-Schokopudding 161
Kakao-Kokoscreme 173
Rohes Kakao-Apfelmus mit Kürbiskernen 48
Trifle-Genuss 171
Unwiderstehliches Fudge 32
Verführerisch gefüllte Datteln 56
Würzige Schokogrütze 106

**Für Ihre Schönheit**

Kakao-Zucker-Peeling 179